청소년을 위한 사기 2

역경을 이겨낸 사람들

청소년을 위한 사기2: 역경을 이겨낸 사람들

초판 1쇄 인쇄 2016년 10월 1일 ＼**초판 1쇄 발행** 2016년 10월 10일
지은이 사마천 ＼**엮어옮긴이** 소준섭 ＼**펴낸이** 이영선 ＼**편집 이사** 강영선 ＼**주간** 김선정
편집장 김문정 ＼**편집** 임경훈 김종훈 하선정 유선 ＼**디자인** 정경아
마케팅 김일신 이호석 김연수 ＼**관리** 박정래 손미경 김동욱

펴낸곳 서해문집 ＼**출판등록** 1989년 3월 16일(제406-2005-000047호)
주소 경기도 파주시 광인사길 217(파주출판도시) ＼**전화** (031)955-7470 ＼**팩스** (031)955-7469
홈페이지 www.booksea.co.kr ＼**이메일** shmj21@hanmail.net

ISBN 978-89-7483-813-3 43910
값 12,900원

이 도서의 국립중앙도서관 출판시도서목록(CIP)은 e-CIP 홈페이지(http://www.nl.go.kr/ecip)에서
이용하실 수 있습니다.(CIP제어번호: CIP2016022528)

27

청소년을 위한 사기 2

사마천 지음 | 소준섭 엮어옮김

역경을 이겨낸 사람들

서해문집

머리말

역사를 공부하는 목적이 비단 우리의 지식을 넓히는 데에만 있는 것은 아니다. 우리 조상들이 먼저 걸었던 그 길을 살펴보면서 오늘을 살아가는 교훈을 얻고자 하는 것도 그 목적 중 하나다.

이 점에서 특히 《사기》는 황제와 명장에서부터 보통 사람들에 이르기까지 평범하지 않은 인물들의 평범하지 않은 이야기를 마치 지금 우리 눈앞에서 펼쳐지듯 생생하게 묘사하고 기술함으로써 예부터 인생 철학의 교과서로 평가받아 왔다. 그리하여 좌절한 사람에게는 용기를 주고 성공한 사람에게는 겸허를 알려주며 사업가에게는 사업의 비책을 귀뜸하고 정치가에게는 통치술을 가르쳐 주었다.

젊은이들이 살아야 사회가 살고 나라가 전진한다고 한다. 그러나 사람들은 세상 살아가는 것이 나날이 더욱 힘들어진다고들 말한다. 2014년 《청소년을 위한 사기》를 펴낸 후 다행스럽게도 적지 않은 독자들의 호응이 있었다. 그러한 호응에 답하고 지금의 고단한 시대에 힘들어하는 청소년들과 젊은이들에게 희망을 주고자 후속편을 쓰게 되었다. 이번에는 《사기》의 〈세가〉와 〈열전〉 중에서 어려움 속에서도 꺾이지 않고 끝내 뜻을 이뤄 낸 인물들을 선정하여 한 권으로 엮었다.

이 책에는 19년이나 망명 생활을 해야 했던 진나라 문공을 비롯하여 질투에 눈이 먼 친구의 음모로 다리를 잘린 손빈, 초주검이 되도록 두들겨 맞고 멍석에 말려 내던져진 범저, 억울하게 죽어간 집안의 고아를 지키기 위해 목숨을 내건 조나라의 인물들 그리고 죽음보다 더 치욕적인 형벌을 받고도 아버지 유언을 지키기 위해 살아남아야 했던 《사기》의 저자 사마천 등의 이야기를 실었다.

세상에 어려움이 없는 사람은 없을 것이다. 얼핏 쉽게 성공을 이룬 것처럼 보이는 사람도 자세히 살펴보면 결코 순탄한 길만 걸어온 것이 아님을 알 수 있다. 이 글에 나오는 맹상군도 적국에 사로잡혀 부하들의 도움으로 간신히 도망칠 수 있었고, 처신에 뛰어났던 장량조차도 진시황을 암살하려다가 기약 없이 쫓기는 신세가 되었다.

사람들은 모두 크고 작은 곤경과 위기에 처하게 된다. 인생이란 매 순간 결단해야 하고, 그 결단에는 위험도 따르게 마련이다.

이 책에서 소개하는 인물들은 그 어려움 속에서도 자신의 능력을 믿고 끝까지 좌절하지 않아 결국 목표를 성취했다. 이들이 성공을 이룬 열쇠는 어려움을 딛고 일어서는 뚜렷한 의지와 불굴의 용기 그리고 슬기로운 지혜였다. 이 책이 이 세상의 길을 걸어가는 독자들에게 작은 도움이라도 줄 수 있다면 필자로서는 더할 나위 없는 보람일 것이다.

차례

머리말

1 **망명 생활 19년 만에 왕이 되다** ━━ · 13

교활한 꾀 · 16
충신은 사라지다 · 21
술에서 깨어났을 때 · 23
송양지인宋襄之仁 · 27
19년 망명 끝에 60세가 넘어 왕이 되다 · 33
'한식'의 유래 · 38
일시적인 이익이 만세의 공적을 넘어설 수는 없다 · 40
패자의 자리에 오르다 · 46

2 **의리와 희생으로 살아남은 조씨 고아** ━━ · 49

나라의 중신, 조씨 집안 · 52
사나운 개를 풀어 죽이려 하다 · 53
잔인한 세력가, 도안고 · 56
목숨을 던져 고아를 살려 내다 · 59
죽음으로 지킨 약속 · 62

3 싸우지 않고 이기는 것이 가장 좋은 병법이다 ━━ ·**63**

01 명령이 제대로 지켜지지 않는 것은 대장의 책임이다 · 66

02 상대의 강한 곳을 피하고 약한 곳을 공격하라 · 71

　엉킨 실타래의 끝 · 71

　"바로 이곳에서 네가 죽으리라!" · 75

03 죽는 날까지 병법과 함께한 장군 · 79

　나쁜 소문 때문에 벼슬에서 물러나다 · 79

　병사들과 똑같이 입고 똑같이 먹는 장군 · 81

　오기의 마지막 승부 · 86

4 세상에 쓸모없는 사람은 없다 ━━ ·**87**

　누구를 위하여 재산을 모으는가? · 90

　손님 3000명을 가족처럼 대하다 · 93

　닭 울음소리와 도둑 · 95

　빚 문서를 모조리 불태우다 · 99

　영리한 토끼는 집을 세 개 준비한다 · 104

　세상 이치와 사람 인심 · 107

5 주머니 속의 송곳 ━━ ·**109**

　사람들이 당신을 떠나가는 이유 · 112

　주머니 속의 송곳 · 113

　세 치 혀가 백만 대군보다 강하다 · 116

6 어떤 생각을 하느냐가 가장 중요하다 ━━ · 121

완벽, 온전히 돌아온 구슬 · 124
홀로 호랑이 굴에 들어가다 · 126
내가 구태여 장군을 피하는 까닭은? · 132
전쟁의 명수, 조사 장군 · 135
종이 위에서 전쟁을 말하다 · 139
끝내 이루지 못한 마지막 꿈 · 142

7 마침내 갚은 원수 ━━ · 145

누명을 쓰고 죽을 고비를 넘기다 · 148
위나라를 빠져나가다 · 150
과연 이 나라에 왕이 있기는 한 것인가! · 152
원교근공遠交近攻의 외교 · 154
마침내 복수하다 · 159

8 세 치 혀만 붙어 있다면 ━━ · 165

내 혀만 살아 있다면 · 169
멀리 보는 소진 · 170
장의의 연횡책 · 174
600리냐, 6리냐 · 178
장의, 스스로 사지死地로 가다 · 181
기막힌 이간책 · 184
완성된 연횡 · 188
장의의 마지막 꾀 · 196

9 장막에서 천 리 밖의 승리를 만들다 ━━ · 201

신선에게 병법책을 받다 · 204
군대의 장막에서 천 리 밖의 승리를 만들다 · 208
신하들의 불만이 많은 까닭은? · 213
태자를 바꿀 수 없다 · 216
욕심을 버려 화를 피하다 · 220

10 사냥개와 사냥개를 부린 사람 ━━ · 223

유방의 뒤에 늘 소하가 있다 · 226
사냥개와 사냥개를 부린 사람 · 230
몸을 온전하게 보전하는 방법 · 234

11 꾀주머니라 불린 인물 ━━ · 241

다섯 번 과부 된 여자를 아내로 맞다 · 244
믿을 수 없는 사람을 믿는 이유 · 247
재상과 장군이 힘을 합하다 · 250
자리가 다르면 할 일도 다르다 · 255

12 다만 죽어서도 일이 이뤄지지 않음을 두려워할 뿐 ▬▬ · 257

01 협객의 시대 · 260

02 진실로 용기 있는 자 · 264

베푼 은혜는 잊어라 · 264

임무에 충실했기 때문에 죄인이 되다 · 265

계포일락季布一諾 · 271

03 명예로운 이름은 영원하다 · 273

존경과 존중이 명예를 부른다 · 273

일개 백성의 권세가 장군으로 하여금 대신 말하게 만들다 · 276

13 사람들이 생각하지 못한 곳에 부자가 되는 비밀이 있다 ▬▬ · 281

가장 나쁜 정치는 백성과 다투는 것이다 · 284

천하 사람들이 어지럽게 오고 가는 것도
모두 이익 때문이다 · 285

돈을 움켜쥘 때는 마치 맹수가 먹이를 낚아채듯 · 288

엎드리면 줍고 하늘을 쳐다보면 받아라 · 291

재물에는 주인이 없다 · 293

14 《사기》를 세상에 남기고자 ▬▬ · 297

세상사처럼 뜻대로 안 되는 것도 없다 · 300

어떤 죽음은 태산보다 크지만 어떤 죽음은
기러기 털보다 가볍다 · 306

치욕을 견디며 살아가는 이유 · 309

1

망명 생활
19년 만에
왕이 되다

우리가 지금 알고 있는 《사기史記》라는 책 제목은 본래 중국 고대 사서를 통틀어 일컫는 이름이었는데, 중국의 3국 시대부터 점차 사마천이 지은 역사서를 지칭하는 고유명사가 되었다.

진나라 문공은 모함을 받고 무려 19년 동안이나 고국에서 쫓겨나 다른 나라를 떠돌면서 온갖 고난을 겪어야 했다. 그렇지만 그 쓰디쓴 고난은 그에게 좋은 약으로 작용했다. 그는 어려운 상황 속에서 살아 있는 정치 경험을 쌓았고 마침내 62세라는 늦은 나이에 귀국하여 왕의 자리에 오를 수 있었다.

그는 기나긴 망명 생활 중에도 서두르지 않고 기다릴 줄 알았으며, 비록 자신이 너무나 억울한 일을 당했지만 결코 성미 급하게 복수를 앞세워 큰일을 그르치지도 않았다. 자신이 어려움을 당했을 때 받았던 은혜는 크건 작건 반드시 모두 갚았고, 신의를 대단히 중시하여 자신이 한 번 내뱉은 어떤 약속이라도 왕이 된 후 반드시 지켰다. 왕이 된 뒤 한 치의 양보도 없이 치열한 전쟁이 벌어지는 급박한 상황에서도 옛날 자신이 도움을 받았을 때 했던 약속을 지키기 위해 군사를 후퇴시키기도 했다.

문공은 자기가 어려움에 처해 갖가지 곤란을 겪어 보았기 때문에 백성이 겪어야 하는 어려움을 이해할 줄 알았고, 어려운 백성을 돕는 정치를 펼치기 위하여 평생 노력했다.

그러한 정신으로 정치를 했기에 백성들도 그를 기꺼이 따랐다. 19년 동안 외국을 떠돌면서 망명 생활을 하다가 왕의 자리에 있던 시간은 겨우 9년에 지나지 않았지만, 국내의 정치 제도를 정비하고 인재를 능력에 맞추어 적절한 자리에 임명하여 나라가 매우 안정되었다.

본문에는 완벽하게만 보이는 문공에게도 인간적인 모습이 많았다는 사실이 가감 없이 묘사되어 있다. 이를테면 망명 생활 중 그가 한 여자를 사랑하여 그곳을 차마 떠나지 못하자 부하들이 그를 술에 취하게 만들고는 '강제로' 함께 다른 나라로 떠났다. 술에서 깨어난 문공이 화를 있는 대로 냈지만 이미 엎질러진 물이었다. 또 그토록 작은 은혜라도 잘 기억하여 반드시 갚았지만, 개자추라는 한 부하에 대해서는 까맣게 잊고 말았다. 개자추가 낙심한 나머지 산으로 들어가 나오지 않자 문공은 그를 나오게 하려고 산에 불을 질렀으나 개자추는 끝내 나오지 않고 불에 타 죽었다. 문공은 이를 슬퍼하여 전국에 명령을 내려 개자추가 불에 타 죽은 그날에는 불을 때서 음식을 하지 말라고 했다.

문공은 현명한 군주로 널리 칭송되었고, 《사기》의 저자 사마천도 그가 현명한 명군明君이라고 인정했다.

문공의 진나라에 앞서 천하를 호령하던 강대국 제나라는 환공이 죽자 곧바로 나라가 기울었지만, 진나라는 문공이 죽은 후에도 그가 튼튼히 틀을 잡은 제도와 눈여겨 발굴한 훌륭한 인재들에 힘입어 여전히 강대국의 지위가 흔들리지 않았다.

교활한 꾀

진^晋나라는 원래 주나라 무왕의 아들을 시조로 하는 나라로 주나라에 가장 가까이 자리 잡고 있던 대국이었다. 그러나 내분이 극심하게 일어나 결국 분가해 간 집안 출신인 무공이 새로운 왕이 되었다. 헌공은 그 무공의 아들이다.

헌공은 즉위한 후 왕의 권위에 도전하는 공신들을 철저히 따돌리면서 군대를 강화하고 영토를 확대해 나갔다. 헌공 5년에는 진나라가 여융족을 토벌하게 되었는데 그때 헌공은 절세의 미인인 여희를 손에 넣게 되었다.

그런데 여희라는 여자는 미인일 뿐 아니라 매우 총명하여 곧바로 헌공의 사랑을 독차지하게 되었다. 이윽고 여희는 사내아이를 낳게 되었는데 그가 바로 해제이다. 헌공은 해제를 대단히 예뻐하여 당시 태자이던 장남 신생을 태자 자리에서 물러나도록 하고 해제를 태자로 삼으려고 마음먹었다.

그는 "곡옥은 우리 선조의 묘가 있는 곳이고 포읍은 진秦나라와 가까우며 굴읍은 적翟나라와 가깝다. 만약 지금 아들들을 보내 그곳을 지키게 하지 않는다면 난이 일어나지 않을까 우려스럽다."라고 말하면서 태자 신생은 곡옥을 지키고 둘째 아들 중이는 포읍을 지키며 셋째 아들 이오는 굴읍을 지키도록 했다. 그러면서 해제는 도성인 강에 머물게 했다. 이렇게 하여 당시 진나라 사람들은 태자가 왕위에 오르지 못할 줄을 알게 되었다.

태자 신생의 어머니는 제나라 환공의 딸로서 이름은 제강이었는데 일찍 세상을 떠났다. 신생의 누이동생은 진秦나라 목공의 부인이 되었다. 한편 중이의 어머니는 적나라 고씨의 딸이었고, 이오의 어머니는 중이 어머니의 여동생이었다. 헌공에게는 아들이 여덟 명 있었는데 태자 신생과 공자 중이, 이오가 현명하고 품행이 선량했다. 그러나 여희를 얻고 난 후 헌공과 그의 세 아들 사이는 멀어졌다.

영리한 여자였던 여희는 헌공에게 결코 자기 아들을 태자로 삼자고 하지 않았을 뿐 아니라 헌공이 신생 대신 자신의 아들 해제를 태자로 삼자고 말했을 때도 눈물을 흘리며 간청했다.

"당치도 않은 말씀이옵니다. 태자 신생이 이 나라의 후계자라는 것은 온 천하가 아는 사실이며 또한 그는 장군으로서도 많은 공적을 세워 백성들의 존경을 받고 있습니다. 저 같은 천한 여자를 위해 제 아들을 태자로 세우려고 한다면 차라리 이 한 목숨 끊겠습니다."

헌공은 이 말에 감동하지 않을 수 없었다.

그로부터 2년이 지난 어느 날 여희가 신생에게 말했다.

"어젯밤 꿈에 태자의 어머님께서 나타나셨어요. 어서 제사를 모시고 아버님께 제물을 올리셔요."

당시 태자 신생의 어머니는 세상을 떠난 지 오래였는데 그 무렵에는 꿈에 세상을 떠난 사람이 나타나면 그 자식이 제사를 지내고 그 제물을 생존해 계신 부모에게 올리는 풍습이 있었다. 그러한 여희의 말에 태자는 아무 의심도 없이 즉시 제사를 모시고 술과 음식을 아버지인 헌공에게 바쳤다. 때마침 헌공은 사냥을 나갔는데 여희는 그 술과 음식에 독약을 넣었다.

이튿날 사냥에서 돌아온 헌공이 태자가 올린 음식을 막 입에 대려는 순간 여희가 막아서면서 "한번 시험해 보시고 드시는 것이 어떨까요?"라고 말했다. 헌공이 술병의 술을 땅에 붓자 땅이 갑자기 부풀어 올랐고 음식을 개에게 먹이자 개가 금방 죽어 버렸다. 그러자 여희가 큰 소리로 울음을 터뜨렸다.

"아니, 아버님이 사시면 얼마나 더 사신다고 뭐가 그렇게 급해 이런 짓을 하는 건지요? 이제 장차 어찌해야 하나요?"

한참을 통곡하던 여희가 울음을 그치더니 정색을 하며 말했다.

"태자가 이런 짓을 하는 것은 오로지 저와 제 아들 해제, 두 사람 때문입니다. 그러니 우리 모자가 다른 나라로 피해 가는 수밖에 없을 듯하옵니다. 그게 안 된다면 더 수모를 겪지 않도록 스스로 죽게 해주십시오. 그것이 태자 신생의 손에 죽는 것보다는 백번 낫습니다. 대왕께서 전에 태자를 바꾸시겠다고 말씀하셨을 때 제가 그렇게 하시지 말라고 말린 적이 있는데 지금 생각해 보니 제가 너무나 어리석었습니다."

이 말을 들은 헌공은 크게 노하여 당장 태자 신생을 잡아들이라고 명령했다. 그러나 태자는 이미 도망친 후였고, 그 대신 태자의 스승이 잡혀 들어와 즉시 사형에 처해졌다.

한편 몸을 피한 태자 신생에게 누군가 탄식하며 말했다.

"그 독약 사건은 여희가 꾸며 낸 일 아닙니까? 왜 변명을 안 하시는 것입니까?"

그러자 신생이 침통한 표정으로 대답했다.

"아버님께서는 이미 기력이 없고 많이 늙으셨소. 더욱이 여희가 없으면 잠도 편히 주무시지 못하고 식사조차 제대로 하시지 못할 정도라오. 내가 사실을 말씀드려 아버지께서 여희에게 배신감을 느끼신다면 그 충격이 얼마나 크겠소?"

한편 태자에게 다른 나라로 망명하라고 권하는 사람도 있었다. 그러나 태자는 체념한 듯 말했다.

"이제 와서 차마 그럴 수는 없는 일이오. 내가 설사 다른 나라로 간다고 해도 이런 누명을 뒤집어쓰고서 어떻게 살 수 있겠소. 지금 내가 할 수 있는 일은 오로지 스스로 죽는 것밖에 없소."

이렇게 말하고 태자는 곧 스스로 목숨을 끊었다. 이때 중이와 이오가 헌공을 뵈었다. 어떤 사람이 여희에게 말했다.

"두 공자는 여희께서 무고하게 태자를 죽게 한 일로 원망하고 있사옵니다."

이에 여희는 두려워하여 헌공에게 두 사람의 잘못을 말했다.

"신생이 제사 고기에 독약을 넣을 때, 사실 두 공자는 이 사실을 알고 있었사옵니다."

두 공자는 이 소식을 듣고 두려워서 중이는 포읍으로 도망가고 이오는 굴읍으로 도망가서 성문을 굳게 닫았다.

헌공 22년, 헌공은 두 아들이 말도 없이 도망간 것은 그들에게 분명히 반란을 일으킬 뜻이 있기 때문이라고 생각하여 군대를 보내 포읍을 공격하도록 했다. 포읍의 환관 이제는 중이에게 빨리 목숨을 끊으라고 권했다. 하지만 중이는 담을 넘어 달아났고, 이제는 뒤를 쫓아가서 그의 옷소매를 베었다. 중이는 적나라로 도망쳤다. 이때 중이의 나이는 이미 43세였다. 헌공은 병사를 파견하여 굴읍을 치도록 했으나 굴읍에서 튼실하게 방어하는 바람에 깨뜨릴 수 없었다.

이듬해 헌공이 다시 많은 군사를 보내 이오를 공격하니 이오도 견디지 못하고 양나라로 피신하게 되었다.

그로부터 2년 뒤 여희는 둘째 아들 도자를 낳았다.

충신은
사라지다

헌공 26년 여름에 헌공이 위독해졌다. 헌공은 측근인 순식을 불러 당부했다.

"내 뒤를 해제가 이을 것인데 아직 어리기 때문에 대신들이 잘 따르지 않을 것이며 또 반란이 일어날 수도 있다. 그대는 해제를 받들고 정사를 잘 보존할 자신이 있는가?"

"그러하옵니다."

"어떻게 그것을 증명하겠는가?"

이에 순식이 비장하게 대답했다.

"남자는 일구이언一口二言을 하지 않는 법입니다. 그것이 바로 증거입니다."

그리하여 헌공은 순식에게 해제를 부탁했고 순식은 재상에 임명되었다.

마침내 9월에 헌공이 세상을 떠났다. 그러자 대부 이극과 비정 두 사람이 반란을 일으켜 헌공 장례식 때 해제를 죽였다. 이때 순식도 스스로 목숨을 끊으려 했으나 곁에 있는 사람들이 해제의 동생 도자를 왕으로 세우고 돌봐줘야 한다며 말렸다. 그러자 순식은 마음을 바꿔 도자를 왕으로 즉위시키려고 했다. 하지만 이번에도 이극이 군사를 이끌고 궁궐에 난입해 도자를 죽여 버렸다. 그러자 순식도 어쩔 수 없이 자결하고 말았다.

해제와 도자를 살해한 이극은 즉시 공자 중이를 맞아 왕으로 삼고자 했으나 중이는 정중하게 거절했다.

"나는 아버님의 명령을 어기고 다른 나라로 도망쳐 아버님 장례식에도 가보지 못한 불충하고 불효한 사람인데 지금 와서 돌아갈 수는 없소."

사실 중이는 당시 자기를 보호할 수 있는 세력이 없어 무작정 고국으로 돌아갈 수 없는 처지였다.

그러자 이극은 다시 헌공의 셋째 아들 이오를 왕으로 맞아 오려고 했다. 이오는 옆 나라인 진秦 목공에게 사신을 보내 자기가 왕이 되면 하서 지역 땅을 바치겠다고 약속하며 협조를 청했고, 이극에게도 편지를 보내 큰 벼슬을 주겠노라고 약속했다. 진 목공은 곧 이오에게 군대를 보내어 그가 귀국할 수 있도록 도왔다.

하지만 귀국하여 왕이 된 이오는 진나라와 한 약속을 헌신짝처럼 버렸을 뿐 아니라 이극도 배신자라는 이유로 죽여 버렸다.

그로부터 4년이 지난 뒤 큰 가뭄이 들어 식량난이 전국을 휩쓸었다. 이때 진秦나라 대신들은 이오가 전에 약속을 지키지 않았던 일을 들어 차라리 이 기회에 이오를 토벌하자고 주장했다. 그러나 진 목공은 "그 왕이 나쁜 것이지 백성에게 무슨 죄가 있겠는가!"라면서 오히려 많은 식량을 보내 도왔다.

그 이듬해, 이번에는 진秦나라에 큰 가뭄이 들었다. 그러나 이오는 이 기회를 틈타 진나라를 공격하겠다고 작정했다. 이에 진秦나라가 매우 분노하여 먼저 공격하자 진晉나라는 크게 패하고 이오도 포로가 되었다. 이오는 이때 처형당할 형편이었으나 이오의 누나인 목공의 부인이 상복을 입고 울면서 동생을 살려달라고 애걸했다.

이오는 겨우 목숨은 건졌지만 태자를 인질로 보내야만 했다. 이오는 가까스로 목숨을 부지해 가면서도 한편으로는 형 중이가 있기 때문에 자기 자리가 항상 불안하다고 생각했다. 그래서 자객을 보내 중이를 죽이려고 했다. 이 사실을 알게 된 중이는 또다시 몸을 피해야 했다.

이렇게 하여 중이는 여희의 모함으로 몸을 피한 뒤 다시 동생 이오의 위협을 받으며 무려 19년 동안이나 이 나라, 저 나라로 떠돌면서 망명 생활을 해야 했다. 그러나 결국 많은 사람의 신뢰를 얻어 62세에 왕이 될 수 있었고, 나아가 천하에 으뜸가는 패자霸 者 자리에 올랐다.

술에서
깨어났을 때

중이는 어릴 때부터 선비를 좋아하여 나이 17세 때 이미 현명한 선비 다섯 명이 곁에 있었다. 그들은 조최와 문공의 외삼촌인 호언구범, 가타, 선진, 위무자였다.

중이가 몸을 피한 그 무렵, 적나라는 한 부족을 토벌하고 두 공주를 포로로 잡았다. 적나라 군주는 그중 큰 공주를 중이에게 보내 아내로 삼게 했는데 그 사이에서 백조와 숙유, 두 아들을 낳았다. 또 둘째 공주는 조최에게 시집을 보냈는데 그들은 조돈趙盾을 낳았다.

중이가 적나라에서 5년 동안 머무를 때, 진 헌공이 죽자 이극이 이미 해제와 도자를 죽이고 사람을 보내어 중이를 맞아 그를 왕으로 모시고자 했다. 하지만 중이는 끝내 받아들이지 않고 고국으로 돌아가지 않았다. 오래지 않아 진나라는 중이의 아우 이오를 맞아 왕위를 잇게 했는데, 그가 바로 혜공이었다.

혜공 7년, 이오는 중이를 두려워하여 환관 이제로 하여금 장정들을 데리고 가서 중이를 죽이라고 했다. 중이는 이 소식을 듣고 조최 등과 의논했다.

"원래 내가 적나라로 도망했으나 적나라가 나를 도와줄 것으로는 결코 믿지 않았소. 다만 거리가 가까워 쉽게 오갈 수 있었기 때문에 잠시 머무른 것뿐이오. 이미 이곳에서 오래 머물렀으니 이제 큰 나라로 옮길까 생각하오. 제 환공은 선행을 좋아하고 천하의 패자가 되어 왕도를 펼치며 제후들을 돕는 데 마음을 쓰고 있지요. 이제 들으니 관중과 습붕이 죽었다는데 반드시 현명하고 능력 있는 선비를 얻고자 할 터이니 제나라로 가는 것이 좋을 것 같소."

그래서 이들은 제나라로 출발했다.

중이가 적나라에서 얻은 아내에게 말했다.

"25년을 기다려도 내가 돌아오지 않으면 다른 사람을 만나 혼인하 시오."

그러자 아내가 웃으며 말하기를 "25년을 기다리면 제 무덤의 측백 나무도 이미 크게 자랐겠습니다. 비록 말은 그렇게 했지만 저는 당신 을 기다릴 것입니다."

이렇게 하여 중이는 적나라에서 무려 12년을 머무른 후 떠났다. 이 때 중이의 나이 55세였다.

중이 일행이 제나라로 향하던 도중 오록이라는 마을을 지나게 되었 다. 그때 일행은 너무 배가 고팠기 때문에 길가의 농부에게 밥을 달라 고 청했다. 그러자 농부는 질그릇에 흙을 가득 담아 주었다. 이에 중이 가 크게 화를 내며 꾸짖으려 하자 옆에 있던 조최가 말렸다.

"흙을 받는다는 것은 머지않아 영토를 받는다는 뜻입니다. 고맙게 받으십시오."

이윽고 그들은 제나라에 도착하게 되었다. 제나라 환공은 그들을 반갑게 맞이하고는 공주를 중이에게 시집보냈다. 또한 말도 80마리나 주었다.

그런데 제나라에서도 그 이듬해에 환공이 죽고 역아와 수조 일당 이 반란을 일으켜 나라가 매우 어지러워지게 되었다. 이로써 제나라 의 국력은 급속히 쇠퇴하게 되었고, 계속 다른 나라의 침략에 시달려 야 했다. 중이는 그러한 가운데에서도 5년간은 편안하게 보냈다. 특 히 그는 제나라에서 맞아들인 부인을 끔찍이 사랑하여 이제 제나라를 떠날 생각을 아예 하지 않았다.

그러던 어느 날 조최와 호언이 뽕나무 아래에서 몰래 제나라를 떠날 방법을 의논하고 있었다. 그러나 때마침 그 나무 위에 올라가서 뽕잎을 따던 부인의 몸종이 그 얘기를 엿듣고는 부인에게 일러바쳤다. 하지만 부인은 고자질한 몸종을 죽여 버리고는 오히려 중이에게 빨리 제나라를 떠나라고 권했다. 그러나 중이는 "나는 이곳에 뼈를 묻을 작정이오. 평생을 탈 없이 편안하게 지낼 수 있다면 무엇이 문제겠소?"라면서 가지 않겠다고 버티었다. 그러자 부인이 다시금 권했다.

"당신은 지금 망명객이 되어 그저 아무 일 없이 지내시지만 진나라 백성들은 모두 당신에게 희망을 걸고 있습니다. 하루라도 빨리 돌아가셔서 백성들을 구해 내야 합니다. 그런데도 저 같은 하찮은 여자에게 빠져 편하게만 사시려 하다니 저 역시 부끄럽습니다. 언제 공을 이루시려는 것입니까?"

중이가 그래도 떠날 생각을 하지 않자 그녀는 조최 등과 짜고 중이를 잔뜩 술에 취하게 한 다음 수레에 태워 떠나게 했다. 중이가 술에서 깨어났을 때는 수레가 이미 제나라 국경을 넘어서고 있었다. 중이가 노발대발하며 호언을 창으로 찔러 죽이려 했지만 호언은 담담하게 말했다.

"나를 죽이고 뜻을 이룰 수 있으시면 어서 죽이시오."

그러자 중이가 소리쳤다.

"내 실패한다면 숙부의 살을 뜯어 먹겠소!"

호언은 웃으며 대답했다.

"내 고기는 비린내가 날 터이니 먹을 수도 없을 것이오."

중이 일행은 조曹나라에 도착하게 되었다. 그러나 조나라 왕은 그들을 차갑게 대했을 뿐 아니라 중이의 늑골을 보고 싶다며 조롱하기도 했다. 그러자 대부 희부기가 왕에게 간곡한 말로 아뢰며 나섰다.

"중이 공자로 말할 것 같으면 매우 뛰어난 인물이며 더구나 같은 성씨 아니십니까? 지금 어려움에 빠져 우리에게 몸을 맡겼는데 차갑게 대해서는 안 됩니다."

그러나 왕은 듣지 않았다. 그래서 희부기는 몰래 중이 일행에게 음식을 보내면서 그릇 속에 보물을 넣었다. 하지만 중이는 음식은 받았으나 보물은 되돌려 주었다.

중이는 또다시 송나라로 가게 되었다.

송양지인 宋襄之仁

당시 송나라의 왕 양공襄公은 제나라 환공이 죽은 후 혼란에 빠진 제나라에 영향력을 행사하여 제나라 왕을 즉위시키는 등 그 역할이 적지 않았다. 그리하여 양공은 천하의 패자가 되겠다는 야망을 품게 되었으며, 우선 남쪽의 야만족인 초나라에 뜨거운 맛을 보여 주기 위해 양공 8년에 초나라의 속국인 정나라를 공격했다. 이때 양공의 이

복형인 공자 목이가 반대하고 나섰다.

"소국은 소국으로서 자기 몫이 있습니다. 소국이 괜히 만용을 부려 패자가 되겠다고 하는 것은 오히려 화를 불러일으키게 될 뿐입니다."

그러나 양공은 그 말을 무시하고 정나라로 쳐들어갔다. 과연 초나라는 대규모 군대를 동원하여 정나라를 구하러 달려왔다. 이에 목이는 또다시 전쟁을 하지 말라고 간청했다.

"강력한 초나라 군대를 우리가 당해 낼 수 없습니다. 지금이라도 군대를 거두셔야 할 줄 압니다."

그러나 양공은 그 의견 또한 받아들이지 않았다.

"초나라 군대는 인의仁義를 모르는 야만적인 군대요. 그러나 우리 군대는 인의의 군대이니 어찌 이기지 못하리오!"

그러고는 병사들로 하여금 큰 깃발에 '인의仁義'라는 글자를 크게 쓰게 했다.

드디어 양쪽의 군사들이 홍수라는 강가에서 맞닥뜨렸다. 초나라 군대가 홍수에 도착하여 강을 채 건너지 못했을 때, 목이는 "초나라 군사들이 강을 건너고 있는 지금이야말로 우리가 이길 수 있는 절호의 기회입니다. 어서 공격 명령을 내리십시오."라고 계책을 냈다. 하지만 양공은 받아들이지 않았다. "인의라는 저 깃발이 보이지 않소? 인의의 군대는 어디까지나 인의로써 싸워야 하는 것이오."라고 말하면서 계속 공격을 늦추었다.

이윽고 초나라 병사들이 강을 모두 건너 아직 진용을 채 정비하지 않았을 때, 목이는 "지금이라도 공격할 수 있습니다."라고 말했지만 양공은 끝내 받아들이지 않았다.

"전쟁도 어디까지나 정정당당하게 치러야 하는 법이라오. 적군이 진용을 완전히 정비한 후 싸워야 마땅할 것이오."

한참 후 초나라가 진용을 완전히 정비하자 양공은 그제야 비로소 공격 명령을 내렸다. 이때에도 양공은 전군에게 "부상당한 적의 병사는 손대지 말아야 하며 머리가 희끗희끗한 적병은 죽이지 말라!"라고 명령을 내렸다.

양공은 제일 앞에 서서 긴 칼을 들고 싸웠다.

그러나 송나라는 이 전쟁에서 크게 패했고, 양공 자신도 다리에 화살을 맞아 큰 부상을 입었다. 여기저기에서 양공을 비난하는 소리가 높았다. 하지만 양공은 자신의 잘못을 인정하지 않았다.

"군자는 다른 사람이 어려움에 처해 있을 때 그를 곤경에 빠뜨리지 않으며, 다른 사람이 아직 진용을 갖추지 않았을 때 북을 치고 공격해서는 아니 되는 법이오!"

이에 목이가 반박했다.

"전쟁이란 승리를 거둘 때만이 비로소 공을 세울 수 있는 것입니다. 어찌 예의만을 주장하면서 융통성을 구하지 않으십니까? 반드시 대왕 말씀대로 한다면 아예 남의 노비가 되면 그만이지 또 구태여 남과 싸울 필요가 있겠습니까?"

2년 후 여름에 양공은 이 싸움에서 입은 상처 때문에 세상을 떠나야 했다.*

송나라 양공의 이러한 태도는 훗날 송양지인宋襄之仁
이라 하여 '쓸데없는 예의나 인정'을 빗대어 말하
는 고사성어가 되었다. 다만 사마천은 예의가 땅
에 떨어진 세상에서 양공의 그러한 사고방식, 즉
예의와 양보심은 충분히 평가해야 할 부분이 있다
고 평했다.

이렇듯 송나라 양공은 전쟁에서 패하고 자신도 부상을 입은 처지였지만, 자기 나라를 찾아온 중이에게 왕과 같은 대우를 해주었다. 송나라의 사마 공손고는 전부터 호언과 절친한 사이였는데 그가 호언에게 넌지시 귀띔해 주었다.

"우리나라는 소국인 데다 지금 나라 사정이 좋지 않소. 그러니 다른 큰 나라로 가는 것이 좋겠소."

그렇게 하여 일행은 송나라를 떠나 정나라로 가게 되었다. 하지만 정나라 왕은 그들을 본 척도 하지 않았다. 그러자 정나라 대부 숙첨이 왕을 말렸다.

"중이는 매우 총명하며 그의 부하들은 모두 한 나라의 재상감으로 조금도 모자람이 없습니다. 또한 두 나라는 같은 종씨로서 정중하게 예의를 갖춰야 할 것으로 압니다."

하지만 왕은 귀찮은 듯 퉁명스럽게 말을 내뱉었다.

"각국에서 공자들이 얼마나 많이 찾아오는데 어찌 일일이 대접해 줄 수 있겠는가."

그러자 숙첨이 말했다.

"그렇다면 차라리 죽여 없애십시오. 저들은 보통 인물들이 아닙니다. 나중에 반드시 커다란 후환이 될 것입니다."

그렇지만 왕은 그 말도 받아들이지 않았다.

이렇게 하여 중이 일행은 또다시 정나라를 떠나 초나라로 갔다. 그런데 초나라에서는 성왕이 왕과 똑같은 예우를 갖추며 중이를 맞이해 주었다. 중이는 분에 넘치는 대우라고 생각하여 받아들이지 않으려고 했다. 그러자 곁에 있던 조최가 말했다.

"받으십시오. 나라를 떠난 지 10여 년 되었지만 대부분 냉대만 받아 왔습니다. 이제 초나라는 대국이면서도 공자를 극진하게 대우하고 있습니다. 이는 하늘이 도와주시는 것입니다. 이 대접을 사양해서는 안 됩니다."

결국 중이는 초나라의 극진한 대우를 사양하지 않고 받았다. 성왕은 중이의 태도가 매우 겸손하여 일부러 농담을 던졌다.

"앞으로 귀국하시게 되면 나에게 무엇을 선물하겠소?"

"새의 깃털, 모피, 상아, 구슬과 비단 등 온갖 진귀한 보물은 대왕께 많을 것이니 무엇을 드려야 좋을지 모르겠습니다."

"그래도 꼭 한 가지는 선물로 받고 싶은데요."

그러자 중이가 한참 생각하더니 이윽고 말문을 열었다.

"정 그러하시면 이렇게 하지요. 만일 앞으로 어쩔 수 없이 전쟁터에서 서로 싸워야 할 때 제가 3사三舍를 후퇴하여 이 은혜에 보답하겠습니다."* 이 말에 성왕은 고개를 끄덕이며 웃었다. 하지만 장군 자옥은 그 말을 전해 듣고 성왕에게 아뢰었다.

"대왕께서는 그자에게 지나친 대우

🕊 당시 군대가 하루 30리를 행군하고 야영했기 때문에 30리마다 숙소가 세워졌다. 따라서 3사란 3일 행군하는 거리인 90리, 즉 36km를 말한다.

를 해주셨습니다. 그래서 분수를 모르고 무례한 언동을 서슴지 않는 것입니다. 지금 당장 그자를 죽이십시오."

그러자 성왕이 자옥을 꾸짖었다.

"그 말은 도리에 맞지 않소. 그는 오랫동안 망명 생활을 하면서 고생이 심했고 그 부하들은 모두 한 나라의 재상감이오. 죽인다는 것은 절대 안 될 말이오. 지금 공자의 처지에서 그 밖에 어떤 말을 할 수 있겠소?"

중이가 초나라에서 몇 달 머물 때 진晉나라 태자 어가 진秦나라의 인질로 있다가 탈출한 사건이 일어났다. 진秦나라는 그 사건에 크게 분노했으며 중이가 초나라에 있다는 사실을 알고 그를 초청했다.

그러자 초나라 성왕이 중이에게 말했다.

"아시다시피 우리 초나라는 중원에서 멀리 떨어져 있어 본국으로 돌아가시려면 시간이 많이 걸립니다. 그러나 진秦나라는 바로 이웃 나라일 뿐 아니라 그 왕이 현명하오. 그러니 진나라로 가시는 게 좋을 듯하오."

결국 중이는 진秦나라로 가게 되었다.

19년 망명 끝에
60세가 넘어 왕이 되다

중이가 진秦나라에 도착하자 진 목공은 종실의 여자 다섯 명을 중이에게 시집보내며 극진하게 대접했다. 하지만 그 여자들 중에는 진秦나라를 탈출한 자기 조카 어의 아내까지 있었으므로 중이는 망설였다. 그러자 진나라 대신 계자가 말했다.

"아니, 지금 어의 국가를 토벌하겠다는 분께서 그의 아내를 맞는 것과 같은 작은 일에 사로잡히다니 어찌된 일이십니까? 무조건 받아들이시고 우리 진나라와 인척 관계를 맺어 두시는 것이 좋습니다. 사소한 예의에 사로잡혀 큰 뜻을 놓쳐서는 안 됩니다."

결국 중이는 공주들을 받아들였고 목공도 무척 기뻐하며 잔치를 벌였다. 조최는 〈서묘黍苗〉라는 시를 큰 소리로 읊었다.* 그러자 목공이 웃으며 말했다.

"얼마나 고국에 돌아가고 싶어 하시는지 그 마음을 알 것 같소."

> 서묘黍苗는 《시경》 '소아小雅' 편에 있는 시로, 조최가 이 시를 읊은 것은 중이와 군신君臣의 귀국에 도움이 필요하다는 의미를 담고 있다.

그해 9월에 중이의 조국 진晉나라에서는 혜공, 즉 중이의 동생 이오가 세상을 떠났고 어가 그 뒤를 이었는데, 그가 바로 회공이었다.

이때 진晉나라의 대부 난지와 극곡이 몰래 중이를 만나러 왔다. 그들은 중이에게 하루바삐 귀국해 줄 것을 요청했으며, 귀국할 경우 수많은 사람이 호응할 것이라는 소식을 전해 주었다.

마침내 중이는 귀국하기로 결심했다. 목공도 군대를 빌려주며 중이의 귀국을 도왔다. 그러나 혜공의 옛 신하인 여성과 극예 같은 사람들은 여전히 중이가 왕으로 즉위하는 것에 반대했다. 중이가 귀국길에 오르자 회공이 이를 막으려 했지만 이미 백성들의 마음이 중이에게 기울어진 뒤였기 때문에 어찌할 도리가 없었다.

이로써 중이는 망명한 지 19년 만에 귀국했는데 이때 그의 나이는 이미 62세였다. 백성들은 그를 열렬히 환영했다.

문공 원년 봄, 진秦나라가 중이를 황하까지 환송했다. 호언이 말했다.

"제가 군왕을 따라 천하를 떠돌아다닌 지 이미 오래되어 수많은 실수를 저질렀습니다. 저도 그것을 잘 알지만 하물며 군왕께서는 어떠하시겠사옵니까? 바라옵건대 저를 여기에서 헤어지게 하옵소서!"

그러자 중이가 말했다.

"만약 내가 귀국한 뒤 그대와 뜻을 같이하지 못하는 일이 있다면 강의 신인 하백으로 하여금 증언을 하도록 하옵소서!"

그러고는 구슬을 황하 속으로 던지고 호언과 맹서했다. 이때 개자추가 뒤에서 따르다가 배 위에서 웃으며 말했다.

"실제로 하늘이 공자께 길을 열어 주셨는데 호언이 자신의 공이라 생각하고 주군께 그 대가를 구하려고 하는 것은 실로 매우 부끄러운 일이옵니다. 저는 그와 함께 관직에 있기를 원하지 않사옵니다."

그런 뒤 개자추는 자신을 숨기고 황하를 건넜다.

진나라로 돌아오는 문공

2월 신축일, 호언과 진秦은 물론 진晉나라의 대부들이 함께 모였다.

중이는 곧 진晉나라의 군영으로 갔고, 이어서 곡옥으로 진격했다. 그리고 무궁에 도착하여 진晉나라의 군주가 되었으니, 이 사람이 곧 문공文公이다.

대신들은 모두 곡옥으로 갔다. 회공 어는 고량으로 도망쳤는데, 문공은 사람을 보내어 회공을 죽였다.

회공의 옛 대신 여성과 극예는 본래 문공을 반대했다. 그들은 문공이 즉위하자 피살될까 두려워 부하들과 함께 궁을 불사르고 문공을 죽일 계획을 세웠다. 문공은 이 사실을 알지 못했다. 그런데 옛날에 문공을 살해하려고 했던 환관 이제가 그들의 음모를 알아내 이것을 문공에게 알리고 과거의 죄를 씻기 위해 문공을 뵙기를 청했다. 그러나 문공은 그를 만나 주지 않고 사람을 보내 꾸짖기를 "포읍에서 너는 과인의 옷소매를 베었다. 그 후 과인이 적나라의 왕과 사냥을 갔을 때 너는 혜공을 위하여 과인을 쫓고 죽이려고까지 했다. 너는 스스로 잘 생각해 봐야 할 것이다."라고 했다.

그러자 이제가 말했다.

"저는 궁형을 받은 사람으로서 감히 두 마음으로 주군을 섬기거나 주인을 배반할 수 없었사옵니다. 그래서 주군께 죄를 지었던 것이옵니다. 주군께서는 이미 귀국하여 군주가 되셨지만 왜 지금도 포읍과 적나라에서 있었던 것과 같은 음모가 있을 수 있다고는 생각하지 않으십니까?

관중은 활을 쏘아 제나라 환공의 허리띠를 맞추었으나 환공은 관중에게 의지하여 패자로 우뚝 설 수 있었습니다. 이제 궁형을 받은 이 사람이 매우 중요한 일을 보고하려 하옵는데 주군께서는 만나 주시지도 않으시니 앞으로 재난이 닥치게 될까 두렵습니다."

마침내 문공이 그를 만났다. 그는 여성과 극예 등이 음모를 꾸미고 있는 사실을 문공에게 알려 주었다. 문공은 곧 여성과 극예를 체포하려고 했으나 그들의 무리가 매우 많았다. 원래 문공은 즉위할 때 백성들이 자기를 배반할까 두려워 평민 복장을 하고 몰래 궁을 빠져나가 진秦 목공을 만났다. 이때 백성들은 아무도 몰랐다. 여성과 극예 등은 과연 반란을 일으켜 궁궐을 불살랐으나 문공을 찾지 못했다. 문공의 호위군들이 그들을 기습하여 격렬한 전투가 벌어졌다. 여성과 극예 등이 군대를 이끌고 도망치려 하자 목공이 여성과 극예 등을 유인하여 황하 강변에서 그들을 죽였다.

진晉나라가 평정을 회복하자 문공은 다시 궁으로 돌아왔다. 이해 여름에 마침내 문공은 진秦나라에 가서 부인을 맞아들였는데, 진 목공이 문공에게 시집보낸 딸은 이로써 정식 부인이 되었다. 진秦나라는 병사를 3000명 보내 문공을 보호하고 진晉나라의 반란을 대비했다.

'한식'의 유래

그런데 이때 논공행상에서 한 가지 실수가 있었다.

바로 이제까지 문공을 수행하면서 생사고락을 같이했던 개자추가 포상 명단에서 빠진 것이었다. 개자추도 그 사실을 알리지 않았다. 개자추가 말했다.

"헌공의 아들이 아홉 있는데 지금의 주군만이 살아 계실 뿐이다. 혜공과 회공은 가까운 사람이 없었고 국내외에서도 그를 버렸다. 그러나 하늘은 진나라를 멸망시키지 않으셨다. 반드시 주인이 있어 제사를 맡기게 할 것이니 지금의 주군이 아니시면 누구이겠는가? 실로 하늘께서 그분의 길을 여셨는데 몇몇 사람이 자신의 공이라 생각하니 이 또한 기이한 일이 아니겠는가? 타인의 재물을 훔치는 것을 도둑이라고 한다면, 하늘의 공을 탐내어 자신의 공으로 삼는 사람은 무엇이라고 불러야 하겠는가? 신하들이 그들의 죄를 덮고 주군께서는 그들의 간사함에 상을 내려 상하가 서로 속이니 그들과 함께하기 어렵도다!"

그러자 그의 어머니가 말했다.

"어찌하여 가서 구하지 않느냐? 죽은 다음 누구를 원망하겠느냐?"

개자추가 "더욱이 그들을 본받는 것은 죄가 더욱 심해질 뿐입니다. 하물며 이미 원망하는 말을 했으니 그들에게 녹을 받지 않을 것입니다."라고 말하자 어머니는 "그래도 그들로 하여금 알도록 하는 것이 어떻겠느냐?"라며 권했다.

개자추가 말했다.

"말이란 사람이 꾸미는 것일 뿐인데 사람이 자기 자신을 숨기려고 한다면 무엇 때문에 꾸미겠습니까? 꾸미는 것은 출세를 추구하는 것입니다."

이에 어머니는 "네가 충분히 그렇게 할 수 있겠느냐? 그렇다면 나도 너와 함께 숨어 살겠다."라고 말했다.

그 뒤 죽을 때까지 그들을 두 번 다시 볼 수 없었다.

개자추의 부하가 그들을 가련하게 생각해서 궁궐 정문에 글을 써서 붙였다.

> 용이 하늘에 오르고자 하니 다섯 마리 뱀이 보좌한다. 용이 이미 구름 속에 오르니 네 마리 뱀은 각각 자기 집으로 들어가는데 한 마리는 홀로 원망하여 마침내 그 처소를 볼 수가 없도다!

문공이 나와서 이 글을 보고 말했다.

"이것은 개자추임이 틀림없다. 과인이 왕실의 일에만 골몰하다가 그의 공로를 아직 생각하지 못했구나!"

문공이 급히 사람을 보내어 개자추를 찾았으나 그는 이미 사라지고 없었다. 문공은 그가 금상이라는 곳에 있는 산속으로 들어갔다는 말을 듣고 그 주변 땅을 봉토로 주었다. 그리고 그 이름을 '개산'이라고 부르게 하고 "이로써 과인의 과실을 기억하게 하며, 선한 사람에게 상을 내리노라."라고 했다.

후세에 개자추가 죽은 날을 기념하여 모두 찬 음식을 먹으며 불을 때지 않는 풍습, 즉 한식寒食이 생겨난 것은 개자추의 비극에서 비롯되었다.

일시적인 이익이 만세의 공적을 넘어설 수는 없다

문공이 즉위한 해에 주나라 왕실에서는 내분이 일어나 주나라 양왕이 동생의 반란을 피하여 정나라로 피신하게 되었다. 그러면서 문공에게 도움을 청했는데 문공은 도와주고 싶은 마음은 태산 같았으나 즉위한 지 얼마 안 되어 아직 국내 사정이 좋지 않았기 때문에 주저했다. 이듬해가 되자 진秦나라가 선수를 쳐서 피신해 있는 양왕을 복귀시키기 위해 군사를 일으켰다. 그 소식을 들은 조최가 문공에게 말했다.

"만약 패자가 되시겠다면 주나라 양왕을 다시 귀국하게 하는 것만큼 중요한 일이 없습니다. 더구나 주나라 왕실과 우리 진나라는 같은 성씨입니다. 지금 우리 사정이 매우 어렵긴 합니다만 이번이야말로 천하의 패자가 될 절호의 기회입니다.

그러지 않고 우리가 돕지 않은 채 진秦나라가 돕게 된다면 우리가 천하를 호령할 길이 없어집니다. 지금 주나라 양왕을 극진하게 모시는 것은 내일 우리 진나라가 패자로 되는 길입니다."

이 말을 들은 문공은 즉시 군사를 동원하여 주나라로 진격해서, 반란을 일으켰던 왕의 동생을 죽이고 망명해 있던 양왕을 복귀시켰다. 양왕은 고마움의 표시로 주나라 영토인 하내의 양번 땅을 문공에게 떼어 주었다.

한편 문공 4년에 초나라가 조나라, 위나라와 함께 송나라를 포위하자 송나라 공손고가 진나라에 와 도움을 청했다. 이때 선진이 말했다.

"은혜를 보답하고 패업을 다져야 할 때는 바로 지금입니다."

호언도 "초나라는 조(曹)나라와 국교를 맺고 위나라와 정혼을 했습니다. 만약 우리가 군대를 파견하여 조나라와 위나라를 공격한다면 초나라는 반드시 지원할 것이고, 그렇게 되면 송나라는 재난에서 벗어날 수 있을 것입니다."라고 말했다. 이렇게 하여 진나라는 군사를 파견할 준비를 하기 시작했다.

진 문공 5년 봄, 문공은 호언의 계책에 따라 조나라를 공격하기 위해 위나라에 길을 빌려 달라고 요청했다. 하지만 위나라가 이에 응하지 않자 진나라는 강을 건너 조나라를 공격하고 이어 위나라를 공격했다.

5월에 옛날 농부가 흙덩이를 주었던 곳인 위나라의 오록 지방을 점령했다. 위나라 왕이 초나라와 연합하려 하자 위나라 사람들은 왕을 내쫓고 문공에게 이 사실을 알렸다. 문공이 군사를 출동시켜 조나라의 도읍을 포위하고 마침내 항복을 받았다.

문공은 옛날 자기를 냉대했던 조나라 왕을 붙잡아 그 죄를 크게 꾸짖었다. 한편 자기를 위해 애썼던 대부 희부기에게는 절대 피해를 주지 말도록 전군에 명령을 내리고 그에게 많은 선물을 주었다. 그리하여 문공은 지난 시절의 빚을 확실하게 갚았다.

이 무렵 초나라가 다시 송나라를 포위하자, 송나라가 문공에게 도움을 청했다. 문공은 그들을 도와 초나라를 공격하고 싶었으나 초나라에도 일찍이 은혜를 입은 적이 있었기 때문에 망설였다. 그렇다고 해서 모른 척하자니 송나라도 일찍이 문공에게 은혜를 베푼 적이 있었으므로 무척 난처했다.

이때 선진이 말했다.

"조나라 군주를 사로잡고 아울러 조나라와 위나라의 땅을 송나라와 나누게 되면 초나라는 조나라와 위나라를 도우려 할 것이므로 반드시 송나라 포위를 풀게 할 수 있습니다."

문공이 그 계책에 따라 조나라와 위나라를 함락시키자 초나라 성왕은 송나라에 대한 포위를 풀고 군대를 철수시키려 했다. 사실 초나라는 군사력이 강하기는 했지만 중원에서의 전투는 보급로가 너무 길어 불리했다. 또한 성왕은 전부터 문공을 좋아했고 문공이 하늘이 낸 인물이라 생각하여 그와 싸우기를 꺼려했다. 그러나 문공이 초나라에 머물 적부터 그에게 반감을 가지고 있었던 초나라 장군 자옥은 철수에 끝까지 반대했다.

자옥이 말했다.

"일찍이 대왕께서는 진나라의 군왕을 특별히 대접하셨는데 현재 우리 초나라가 조나라와 위나라를 구하기에 급하다는 것을 알면서도 일부러 그들을 공격하니 이것은 대왕을 무시하는 것이옵니다."

이에 성왕이 말했다.

"문공이 다른 나라를 떠돈 지 무려 19년이다. 곤란하고 가난했던 때가 꽤 오래되었노라. 그러다가 마침내 귀국하게 되었으니 모든 어려움과 곤란을 알고 있을 터이다. 또 그의 백성들을 충분히 이용할 수 있으니 이것은 하늘이 그에게 길을 열어 준 것이다. 그렇기 때문에 우리는 그를 이겨 낼 수 없을 것이다."

그러나 자옥이 "신이 반드시 공을 세울 것이라고는 감히 말씀을 드릴 수 없사옵니다만 저 못된 소인의 입을 막아 버리시기를 바라옵니다."라고 말하자 성왕은 몹시 화가 나 일부러 그에게 군대를 적게 주면서 책임을 지고 전쟁을 해보라고 했다. 그리하여 진나라의 군대와 초나라의 군대는 성복 부근에서 맞서게 되었다.

이 싸움에서 문공은 공격을 받지 않았는데도 전군을 멀리 후퇴하게 했다.

"왜 후퇴하시는 것입니까?"

한 장군이 의아스럽다는 듯이 물었다.

그러자 문공이 대답했다.

"지난날 내가 초나라에 머물 적에 성왕에게 3사舍를 후퇴하기로 약속한 바 있다. 그래서 지금 내가 그 약속을 지키려 하는 것이다."

그리고 며칠이 지났다. 여기저기에서 후퇴만 하고 싸움은 언제 할 것이냐는 불만이 터져 나왔다. 이때 호언은 "이 싸움은 단순한 싸움이 아니라 정의의 싸움이다. 우리는 옛날의 신의를 지키기 위해 3사를 후퇴하기까지 했다. 그렇다면 초나라도 그에 따라 군대를 스스로 철수해야 할 것이다. 무엇보다도 신의가 중요한 법이다."라면서 며칠 더 기다려 보자고 말했다.

그러나 초나라는 먼저 공격을 개시했다. 이에 문공은 전차 부대를 선두에 서게 하고 전차를 끄는 말에는 모두 호랑이 가죽을 씌웠다. 이 모습을 본 초나라 군대의 말들이 너무나 놀라 모두 엎어지고 나뒹굴며 달아나기에 바빴다. 그리하여 첫날 전투는 싱겁게 끝나 버리고 말았다.

이튿날 진나라 군대는 공격하다가 일부러 패한 척하고 도망을 치기 시작했다. 그때 전차 뒤에는 많은 나무 섶을 달아맸는데 그것들이 땅에 끌리면서 흙먼지가 하늘 높이 치솟았다. 그러자 초나라 군사들은 맹렬하게 뒤쫓다 흙먼지가 앞을 가려 눈을 못 뜨고 당황했다. 이때 선진이 이끄는 기습 부대가 갑자기 옆에서 내달아 초나라 군대의 허리를 자르고, 동시에 앞뒤에서 협공하자 초나라 군대는 크게 패하고 말았다.

진나라 군대는 초나라 군대를 불살랐다. 불은 며칠이 지나도 꺼지지 않았다. 문공이 탄식하자 좌우의 신하들이 물었다.

"초나라를 격파했는데 주군께서 근심하시니 무슨 까닭이옵니까?"

그러자 문공이 말했다.

"내가 듣기로 전쟁에서 이겨도 마음이 편안한 사람은 오직 성인뿐이라고 했으니 그래서 두려운 것이오. 하물며 자옥이 아직도 살아 있는데 어찌 즐거워할 수 있다는 말이오?"

자옥은 전쟁에 패하고 돌아갔다. 초나라 성왕은 그가 자기 말을 듣지 않고 상대를 업신여기면서 오로지 공적을 탐하여 진나라와 전쟁을 벌였다고 노여워하며 자옥을 크게 꾸짖었다. 그러자 자옥은 자살했다. 이 소식을 들은 진 문공이 크게 기뻐하며 말했다.

"우리는 그 바깥을 공격했는데 초나라 왕은 안에서 대신을 죽였으니 안과 밖이 서로 통한 것이로다!"

이해 6월, 진나라가 위나라 왕을 귀국시켰다.

문공도 황하를 건너 북쪽으로 귀국했다. 논공행상을 하니 호언이 으뜸이었다. 그러자 어떤 사람이 불평을 늘어놓았다. "성복에서는 선진의 계책으로 이겼습니다."

그러자 문공이 대답했다.

"성복의 전쟁에서 호언은 과인에게 신의를 잃지 말라고 권했소. 선진은 '전쟁이란 모름지기 이기는 것을 으뜸으로 삼는다.'라고 말했는데 과인은 선진의 계책을 채용하여 승리를 거두었소. 그러나 이것은 일시적으로 사용할 수 있는 임기응변일 뿐이지만, 호언의 말은 오히려 천추만대에 길이 남을 공적이니, 어찌 일시적인 이익이 천추만대의 공적을 넘어설 수 있겠소? 이것이 과인이 호언의 공적을 가장 앞에 둔 이유라오."

패자의 자리에
오르다

문공이 이끄는 연합군이 성복의 전쟁에서 승리를 거둔 후 진 문공은 온읍이라는 곳에서 제후들과 만나 이들을 이끌고 주나라 천자를 뵙고자 했다. 그러나 아직은 힘이 충분하지 않았기 때문에 제후들이 반란을 일으킬까 두려웠다. 그래서 사람을 보내 주나라 양왕으로 하여금 하양으로 와서 순시하시라고 전하게 했다.

이윽고 문공은 제후들을 이끌고 천토라는 곳에 와서 양왕을 만났다.*

문공은 그곳에 주나라 양왕을 위해 왕궁을 짓고 전리품과 포로를 바쳤다. 양왕은 문공을 패자로 인정했고, 큰 수레와 붉은 옻칠을 한 활과 화살, 검은 옻칠을 한 활과 화살, 수수로 담근 술 한 동 그리고 친위대 300명을 상으로 내렸다. 문공은 신하로서 예의를 갖춰 세 번을 사양한 다음 머리를 조아리며 하사품을 받았다. 그러고 나서 패자로서 제나라, 노나라, 송나라, 채나라, 정나라, 위나라, 거나라 제후들을 거느리고 회맹 의식을 했다.

그 뒤 문공 7년에 문공은 진秦나라 목공과 연합하여 정나라를 공격했다. 이 공격의 명분은 옛날 문공이 정나라에서 냉대를 받았던 사실과 성복 전쟁 때 정나라가 초나라 편을 들었다는 것이었다. 정나라 도읍지를 포위한 문공은 옛날 자기를 죽이라고 했던 숙첨을 내놓으라고 요구했다. 결국 숙첨은 자결했고, 정나라 왕은 숙첨의 시체를 문공에게 보내면서 용서를 빌었다.

그로부터 2년 후 문공은 세상을 떠났다.

19년 동안 망명 생활을 하다가 왕으로 있던 시간은 불과 9년에 지나지 않았지만, 문공은 주나라 양왕을 복위시키고 제후의 우두머리로서 초나라를 물리쳤으며 주나라 왕을 불러내 회맹을 하는 등 패자로서 위엄을 크게 떨쳤다. 또한 국내 정치제도를 정비하고 인사제도 또한 능력에 맞추어 합리적으로 운영하여 나라가 매우 안정되었다.

한때 중원을 호령하던 강대국 제나라는 패자 환공이 죽자 바로 나라가 기울었지만, 진나라는 문공이 죽은 후에도 여전히 강대국의 지위가 흔들리지 않았다.

태사공은 말한다.*

ㅤ《사기》의 저자 '사마천'을 뜻한다. 사마천이 태사 벼슬을 한 데서 유래했다.

진 문공은 고대의 이른바 명군이었다. 그는 19년 동안 망명하면서 매우 곤란하고 어려운 처지에 있었다. 그러한 그가 진나라의 왕이 되어 신하들에 대한 논공행상을 할 때 도리어 공신 개자추를 잊었으니, 교만하고 사치하며 음란한 군주들이야 어떻겠는가?

2

의리와
희생으로
살아남은
조씨 고아

바야흐로 '의리'가 높이 평가받는 시대가 되었다. 그만큼 의리 있는 사람을 우리 주변에서 찾아보기 어렵기 때문이리라. 마치 천연기념물처럼 되었다는 냉소적인 말까지 나온다. 오로지 자신의 눈앞에 놓인 조그마한 이익만을 좇아 도덕이나 정의는 아랑곳하지 않는 이 세상에서 자신의 이익과는 먼 것 같은 대의 혹은 국가 사직을 위해 자기를 기꺼이 희생하는 모습은 이제 너무도 희귀한 일이 되어 버렸다.

이런 상황은 비극이 아닐 수 없다. 주변을 아무리 살펴봐도, 아울러 앞날을 예측해 봐도 도무지 좋은 그림이 나오지 않는다. 이럴 때는 모름지기 역사를 읽을 일이다. 역사를 통하여 다시금 나아가야 할 일이다.

우리에게 귀감이 될 만한 역사를 소개한다. 이번 장은 전국시대 흉포한 권력의 악랄한 손길에 온몸으로 맞서 조나라 조씨 가문의 고아를 보호하고 끝까지 사직을 지켜 낸 이야기이다.

비록 길지 않은 글이지만, 글 곳곳에 진한 감동과 의외성이 가득하다. 주인공들의 그러한 희생과 의리가 있었기에 조나라는 위기를 딛고 마침내 전국시대의 운명을 좌우하는 강대국으로 당당하게 발돋움할 수 있었다. 그리고 이 과정은 사마천이라는 뛰어난 역사가이자 문학자의 손에 의해 생동감 넘치고 감동적인 한 편의 장엄한 서사시로 구현되었다.

본문에 나오는 각 인물들은 우리로서는 가히 상상하기 어려울 정도의 의리와 희생으로 뭉쳐 자신이 맡은 임무를 마지막 순간까지 수행했다. 주인공들의 감동적이고 절절한 이야기는 지금도 보는 이들의 마음속에 큰 울림을 던져 준다. 의리와 희생의 모범이 될 본문의 이야기는 지금도 중국에서 끊임없이 소설이나 드라마, 영화의 소재가 되고 있다.

나라의 중신
조씨 집안

진晋나라 문공이 귀국하여 왕위에 오르고 마침내 패자의 자리에 오를 수 있었던 것은 대부분 조최의 계책에 따른 것이었다. 조최가 진나라로 돌아오자 진나라에 있던 본부인이 적나라에서 얻은 부인을 데려오라고 한사코 권하면서 그 아들인 조돈趙盾을 적자로 삼았다. 조최가 죽은 뒤 조돈이 대신하여 국정을 맡은 지 2년 만에 진 양공이 죽었다.

그런데 당시 태자 이고가 아직 나이가 어렸으므로 조돈은 나라에 어려운 일이 많은 것을 고려하여 양공의 동생 옹을 왕으로 즉위시키려고 했다. 옹은 당시 진秦나라에 있었으므로 사신을 보내 그를 맞이하고자 했다.

그러자 태자의 어머니가 밤낮으로 울며 조돈을 찾아와 머리를 조아려 절하며 "선왕께서 무슨 죄를 지으셨기에 그의 적자를 버리고 달리 군주를 구하십니까?"라고 호소했다. 조돈은 무척 고민하다가 그녀의 친척들과 대부들이 자기를 습격해서 죽이지나 않을까 두려워 태자를 즉위시켰는데 그가 바로 영공이다. 조돈은 이렇게 하면서 군대를 보내 양공의 동생을 맞으러 진秦나라에 간 일행이 돌아오지 못하도록 막았다. 영공이 즉위한 뒤 조돈이 국정을 도맡았다. 하지만 영공은 즉위한 지 14년이 지나자 갈수록 오만해졌다. 조돈이 여러 차례 말했으나 영공은 도무지 듣지 않았다. 언젠가는 영공이 곰발바닥 요리를 먹다가 잘 익지 않았다며 요리사를 죽이고는 부인을 불러 그 시체를 들고 나가게 했는데 조돈이 그 모습을 보았다. 조돈이 그 일을 발설할까 두려워한 영공은 조돈을 죽이려고 했다.

사나운 개를 풀어 죽이려 하다

원래부터 인자하고 동정심이 많았던 조돈이 한번은 사냥을 나갔다가 뽕나무 아래에 굶주려서 쓰러져 있는 기미명示眯明이라는 사람을 보았다. 조돈이 그에게 먹을 것을 주자 그는 절반만 먹었다. 조돈이 왜 그러느냐고 묻자 그는 "저는 고향을 떠나 다른 사람의 노비로

3년을 살았는데, 어머님께서 아직 살아 계신지도 알지 못합니다. 그래서 먹을 것을 남겨 가져다드리려고 합니다."라고 대답했다. 조돈은 그의 효성에 감동하여 먹을 것과 고기를 더 주었다. 얼마 지나지 않아 기미명은 진나라 영공의 주방장이 되었는데, 조돈은 그 사실을 알지 못했다.

영공은 조돈을 죽이기 위하여 갑옷을 입힌 병사들을 숨겨 놓고 술자리를 만들어 그를 불렀다. 이 사실을 미리 안 기미명은 조돈이 술에 취하지 않을까 걱정되었다. 그래서 조돈에게 가서 "대왕께서 잔치를 여시고 저를 상으로 내리셨으니, 석 잔만 마시고 가셔도 됩니다."라고 말했다. 조돈이 빨리 자리를 떠서 화를 당하지 않게 하려고 생각한 것이다. 조돈이 자리를 뜨자 아직 병사들이 준비되지 않았던 영공은 먼저 사나운 개를 풀어 조돈을 물어 죽이게 하려 했다.

원래 기미명은 힘이 장사였다. 기미명은 그 사나운 개를 때려 죽였다. 조돈은 "사람을 쫓아 보내고 또 개를 보내다니! 아무리 사나워도 무슨 소용이람!"이라고 말했다. 그는 기미명이 몰래 자기를 도운 사실을 알지 못했다. 영공은 숨겨 두었던 병사들에게 조돈을 추격하라고 명했다. 그러나 기미명이 병사들을 공격하니 병사들이 앞으로 나아갈 수 없었고, 그사이에 조돈은 무사히 도망칠 수 있었다. 조돈이 기미명에게 왜 자기를 돕느냐 묻자 그는 "제가 바로 대감께서 예전에 뽕나무 아래서 구해 주셨던 사람입니다."라고 대답했다. 하지만 그의 이름을 묻자 그는 알려 주지 않았다. 기미명은 그 뒤 어디론가 사라졌다.

사나운 개를 풀어 조돈을 죽이려는 영공

조돈이 도망쳐서 아직 국경을 넘기도 전에 조천이라는 사람이 영공을 죽이고 양공의 동생 흑둔을 왕으로 세웠는데 그가 바로 성공成公이었다. 조돈은 다시 돌아와서 국정에 임했다. 조돈이 죽자 그의 아들 삭이 뒤를 이었다.

잔인한 세력가
도안고

그런데 당시 대부로 있던 도안고라는 자는 잔인하고 욕심이 사나운 사람으로서 조씨 일가를 모두 죽이려 했다. 당초 조돈이 살아 있을 때 꿈을 꾸었는데 조씨 선조가 자기 허리를 끌어안고 몹시 슬프게 울다가 잠시 후 크게 웃으며 손뼉을 치고 노래를 부르는 것이었다. 조돈이 점을 쳐보니 불로 지진 거북 껍질이 끊어졌다가 후에 다시 좋아졌다. 조나라의 사관 원이 해석하기를 "이 꿈은 매우 흉한 것으로 당신의 대가 아니라 아들 대에 들어맞겠으나, 그것 역시 당신 잘못 때문입니다. 손자 대에 이르러서는 조씨 가문이 더욱 쇠퇴할 것입니다."라고 했다.

도안고라는 사람은 처음에 영공의 총애를 받다가 그 뒤를 이은 경공 때에 이르러 형법을 관리하는 사구의 자리에 올랐다. 그는 난을 일으키고자 하여 먼저 영공을 죽인 역적을 처벌한다는 명분을 내세워 조돈을 거기에 연관시켰다. 그러고는 장수들에게 말하기를 "조돈이 비록 그 사건의 내막을 몰랐으나 사실상 역적의 두목이라 할 수 있다. 신하된 자로서 군주를 죽이고도 그 자손이 조정에서 여전히 관직을 맡고 있으니 어떻게 죄 있는 사람들을 처벌할 수가 있겠는가? 마땅히 조씨에게 죄를 물어야 한다!"라고 했다.

이때 한궐이 말렸다.

"영공께서 살해당하실 때 조돈은 멀리 떨어진 곳에 있었습니다. 우리의 선왕께서도 그에게 죄가 없다고 여기시어 그를 죽이지 않으셨습니다. 지금 여러분께서 그의 후손을 죽이시려고 하는 것은 선왕의 뜻이 아니고 함부로 없애는 것입니다. 함부로 사람을 죽이는 것은 난을 일으키는 것이라고 합니다. 또 신하가 큰일을 도모하는데 군주에게 알리지 않음은 군주를 안중에 두지도 않은 것입니다."

그러나 도안고는 듣지 않았다.

한궐은 곧바로 조삭에게 빨리 도망가라고 알렸다. 그러나 조삭은 도망가려고 하지 않으면서 "그대가 틀림없이 조씨 가문의 제사가 끊어지지 않게 해주신다면 나는 죽어도 여한이 없겠소!"라고 말했다. 한궐은 고개를 끄덕이고는 병을 핑계 삼아 밖에 나가지 않았다. 그동안 도안고는 군주에게 알리지도 않고 제멋대로 여러 장군과 함께 조씨를 공격하여 조삭을 비롯해 그 가족을 모조리 죽였다. 한편 조삭의 아내는 성공의 누나로 임신 중이었는데 궁궐로 도망가 숨었다. 당시 조삭의 부하 중 공손저구라는 사람이 있었다.

공손저구가 조삭의 오랜 친구인 정영에게 "왜 같이 죽지 않은 것이오?"라고 물었다. 정영은 "조삭의 부인이 임신 중인데 만약 다행히 아들을 낳으면 내가 기르고, 딸을 낳는다면 나는 조금 천천히 죽을 것이오."라고 대답했다.

얼마 되지 않아 조삭의 부인이 아들을 낳았다. 도안고가 이 소식을 듣고 병사들을 보내 궁궐을 샅샅이 뒤졌다. 조삭의 부인은 갓난아이를 속바지 가랑이 사이에 넣고 "아기야! 조씨 집안을 망하게 하려면 네가 크게 울고 망하지 않게 하려면 아무 소리도 내지 말아라!"라고 빌었다. 병사들이 그 방을 뒤질 때 아이는 울지 않았다.

위험에서 벗어나자 정영이 공손저구에게 "이번 한 차례 뒤져서 잡지 못했으니 다음에 또다시 찾아올 것이 분명한데 어떻게 해야 좋겠소?"라고 하자, 공손저구는 "고아를 기르는 일과 죽는 일 중 어느 것이 어렵습니까?"라고 물었다. 정영이 "죽는 일은 쉬우나 고아를 부양하는 일은 어렵겠지요."라고 하니, 공손저구는 이렇게 말했다.

"조씨 집안이 당신을 극진하게 대접했으니 당신은 힘을 다해서 어려운 일을 맡아 주시오. 나는 쉬운 일을 담당하여 먼저 죽을 것이오."

목숨을 던져
고아를 살려 내다

두 사람은 다른 사람의 아이를 데려다 등에 업고 화려한 강보로 덮은 뒤 산속에 숨었다. 그러고는 정영이 산에서 내려와 거짓으로 여러 장군에게 "이 정영은 못난 사람으로서 조씨 고아를 부양할 능력이 없습니다. 누가 나에게 천금을 주신다면 조씨 고아가 숨어 있는 장소를 말해 드리겠습니다."라고 말했다.

그러자 여러 장군이 기뻐하며 곧장 그 조건을 받아들인 뒤 군사를 출동시켜 정영을 따라가서 공손저구를 공격했다. 공손저구가 거짓으로 "이 소인배 정영아! 전에 나와 더불어 조씨 고아를 숨기기로 약속했건만, 이제 와서 또 나를 배반하는구나. 아무리 네가 부양할 수 없었기로서니 차마 그를 배신할 수가 있다는 말이냐?"라고 욕하며 아이를 안고 "하늘이시여! 하늘이시여! 조씨 고아가 무슨 죄가 있습니까? 제발 이 아이를 살려 주시고 이 공손저구만 죽이소서!"라고 외쳤다.

하지만 여러 장군은 이를 허락하지 않고 공손저구와 고아 둘 다 죽였다. 여러 장군은 조씨 고아가 정말로 죽은 줄 알고 모두 기뻐했다. 그러나 진짜 조씨 고아는 살아남아 정영과 함께 산속에 숨었다. 15년이 흐른 후, 진 경공이 병이 나자 점을 쳤다. 후손이 순조롭지 못하여 재앙이 생긴다는 점괘가 나왔다. 경공이 한궐에게 물으니 조씨 고아가 아직 살아 있다는 것을 알고 있던 그가 말했다.

조무를 온전히 길러 내고 목숨을 던진 정영

"지금 진나라에서 제사가 끊긴 것은 조씨 집안입니다. 조씨 집안은 시조 중연 이후 계속하여 영씨 성을 이어왔습니다. 중연은 사람의 얼굴에 입은 새부리 모양으로 인간 세상에 내려와 은나라 왕을 도왔으며 그 후손은 주나라의 천자를 돕는 등 모두 빛나는 덕행이 있었습니다. 그 후 유왕과 여왕이 제멋대로 행패를 부리자 조씨 집안의 숙대는 주나라를 떠나 진나라로 와서 선군 문후를 섬겼고 성공에 이르기까지 대대로 공을 세웠으며 제사가 끊긴 적이 없었습니다. 그러나 이제 조씨 집안이 망했으니 백성들이 모두 그것을 슬퍼하고 있고 이 때문에 점괘도 좋지 않게 나온 것입니다. 다시 고려해 주시기 바랍니다."

경공이 "조씨 집안에 아직 후손이 남아 있는가?"라고 묻자, 한궐은 있는 그대로 털어놓았다. 경공은 조씨 고아를 세우기로 한궐과 상의하고 조씨 고아를 불러다가 궁중에 감추어 두었다.

여러 장군이 문병차 궁궐에 들어오자, 경공은 한궐의 병사들을 배치하고 조씨 고아를 만나도록 장군들을 협박했다. 조씨 고아의 이름은 무였다. 장군들은 할 수 없이 고개를 숙이며 "지난번 난은 도안고가 꾸민 것으로 군주의 명이라고 거짓으로 여러 신하에게 명령했던 것입니다. 그렇지 않았다면 누가 감히 난을 일으켰겠습니까? 만약 대왕께서 병이 나지 않으셨더라도 저희도 곧 조씨 집안의 후손을 세울 것을 요청하려 했습니다. 지금 군왕께서 명령하시니, 이야말로 저희가 진실로 바라던 바입니다."라고 변명했다.

죽음으로
지킨 약속

경공은 곧 조무와 정영을 불러 여러 장군에게 한 명 한 명 절하게 했다. 여러 장군은 정영, 조무와 함께 도안고를 공격하여 그 일당을 모조리 죽였다. 경공은 조씨 집안의 옛 땅을 원래대로 조무에게 다시 내렸다.

조무가 20세로 성인이 되자, 정영이 여러 대부에게 하직 인사를 하며 조무에게 말했다.

"전에 난이 일어났을 때 사람들은 모두 스스로 죽을 수가 있었습니다. 그때 제가 죽을 수 없었던 것은 아니지만, 저는 오로지 조씨 집안의 후손을 부양하여 가업을 잇게 하려는 생각뿐이었습니다. 이제 당신께서 조씨 집안을 잇고 성인이 되었으며 원래의 관직까지 되찾았으니 저는 지하에 가서 조돈 아버님과 공손저구에게 보고하고자 합니다."

깜짝 놀란 조무가 눈물을 흘리며 머리를 조아려 "제가 모든 힘을 다하여 그대가 죽을 때까지 보답하고자 하는데, 그대가 차마 저를 버리고 죽을 수가 있습니까?"라며 한사코 말렸다. 하지만 정영은 "그렇게는 할 수 없습니다. 그들은 제가 큰일을 성공할 수 있다고 생각했기 때문에 저보다 먼저 죽은 것입니다. 지금 제가 가서 사실대로 보고하지 않으면 그들은 제가 맡은 일을 완수하지 못한 것으로 알 것입니다."라고 말하고는 끝내 목숨을 끊었다.

3

싸우지 않고 이기는 것이 가장 좋은 병법이다

이번에 소개하는 내용은 중국 고대의 유명한 군사전략가인 손무^{孫武}, 손빈^{孫臏}, 오기^{吳起} 세 사람의 이야기이다.

사마천은 세 전략가의 모습을 사실적으로 기술함으로써 부국강병의 길을 그려 냈는데, 그것은 병법으로 시작하여 병법으로 끝을 맺고 있다. 여기에서 세 군사 전략가를 비롯하여 다른 수많은 인물과 서로 얽히고설킨 복잡하고도 미묘한 정치적·군사적 사건들은 '병법^{兵法}'이라는 하나의 틀에 묶여 결합된다. 그리고 등장인물의 성격과 삶의 과정은 마치 지금 우리 눈앞에서 벌어지는 모습처럼 생생하게 그려진다.

본문에서 가장 먼저 소개되는 손무(손자^{孫子})는 《손자병법》의 저자로 알려져 있다. 미국의 유명한 정치가이자 외교가인 헨리 키신저^{Henry Alfred Kissinger}는 《손자병법》을 대단히 높게 평가했다. 그는 《손자병법》이 중국에서 일종의 직접성과 통찰을 담아낸 것으로 읽혀 오면서, 손자를 세계에서 가장 탁월한 전략사상가 반열에 올려놓았다고 평가했다. 키신저는 손자가 말하는 '세^勢' 개념에 흠뻑 빠져들었는데, 서양에는 이 개념을 정확히 번역할 수 있는 적합한 용어가 없다고 말했다.

그는 '세'란 군사적 측면에서 전략적 추세를 의미하기도 하고, 이루어지는 어떤 상황의 '잠재적 에너지'를 뜻하기도 하며, "요소들이 배치되는 어떤 국면에 존재하는 파워 그리고 그 발전의 경향"을 가리키기도 한다고 분석했다. 그러면서 미국이 아시아 지역에서 있었던 몇 차례 전쟁에서 승리할 수 없었던 주요한 이유가 바로 손자의 행동수칙을 무시했기 때문일 수도 있다고 주장했다.

키신저는 또한 이렇게 말했다.

"서방의 전략가들은 결정적인 시기에 우세한 힘을 어떻게 모아 내느냐에 골몰하는 데 비해, 손자는 정치 심리적 우세로 충돌이 시작되기 전에 이미 그 결과를 충분히 알 수 있도록 만들 것을 강조한다. 그리하여 서방 전략가들은 전쟁의 승리로 그들의 원칙을 시험하지만, 손자는 전쟁이 필요없도록 만드는 데에서 승리를 시험한다.

하지만 모 아니면 도라는 식의 충돌 성과에 운명을 건 중국 지도자는 거의 존재하지 않았다. 오히려 장기간에 걸친 전략 활용이 그들의 방식에 어울렸다. 승부를 가름하는 결정적 승기를 잡은 영웅주의의 공적을 강조한 서방의 전통과 달리, 중국의 사상은 드러나지 않고 간접적이며 인내력 있게 상대적 우세를 축적하는 측면을 강조해 왔다."

01
명령이 제대로 지켜지지 않는 것은 대장의 책임이다

'손자孫子'의 이름은 '무武'로서 제나라 사람이다. 병법에 매우 뛰어나 오나라 왕 합려가 그를 궁으로 불러들였다. 손무를 만난 합려가 말했다.

"그대가 지은 병법서 열세 권을 모두 읽어 보았소. 여기에서 실제로 그대가 군대를 훈련하는 모습을 보고 싶은데 그럴 수 있겠소?"

손무는 "좋습니다."라고 대답했다.

합려가 다시 물었다.

"여자들이라도 괜찮겠소?"

"괜찮습니다."

손무가 싹싹하게 대답했다.

합려는 곧바로 궁중의 미녀 180명을 불러내었다. 손무는 180명을 두 편으로 나누고 왕이 가장 아끼는 두 후궁을 각각 그 대장으로 뽑았다. 그러고는 모두에게 창을 나눠 주고 줄을 맞추어 서도록 했다. 그리고 자기는 중앙에 섰다.

"그대들은 자기 가슴 쪽과 등 쪽 그리고 좌우의 손을 알고 있는가?"

그러자 여인들이 "예." 하고 대답했다.

손무가 소리쳐 말했다.

"'앞으로!'라고 명령하면 가슴을, '좌로!'라고 하면 왼손을, '우로!'라고 하면 오른손을, '뒤로!'라고 하면 등을 보아야 한다."

이렇게 약속한 바를 말하고 몇 번에 걸쳐 설명했다.

그러고 나서 "우로!" 하고 호령했지만, 여자들은 웃어 대기만 할 뿐 움직이지 않았다. 손무가 큰 소리로 말했다.

"군대의 명령이 분명하지 못하고 제대로 전달되지 못하는 것은 장수된 사람의 죄이다."

그러고는 다시 반복하여 설명한 뒤 큰북을 울리면서 "우로!" 하고 큰 소리로 말했다. 그러나 여자들은 여전히 웃을 뿐이었다. 그러자 손무는 엄숙한 태도로 말했다.

"군대의 명령이 분명하지 못하고 제대로 전달되지 못한 것은 장수의 죄이다. 하지만 이미 명령이 분명히 전달되었는데도 병졸들이 움직이지 않는 것은 곧 대장된 사람의 죄이다."

그러더니 곧장 두 대장의 목을 베려 했다. 왕이 누대 위에 앉아서 보다가 자기가 예뻐하는 두 후궁을 죽인다고 하자 깜짝 놀라 곧바로 사자를 보내 명령을 내렸다.

"이제 장군의 용병이 뛰어남을 잘 알게 되었소. 그 두 사람이 없다면 밥을 먹어도 그 맛을 알 수 없을 정도라오. 부디 용서해 주오."

그러나 손무는 단호했다.

"신은 이미 임금의 명령을 받아 장수가 되었습니다. 장수가 군중에 있을 때는 임금의 명령이라도 받지 않을 수 있습니다."

손무는 곧바로 두 후궁의 목을 베었다.

그리고 왕이 그다음으로 아끼는 여자를 뽑아 새로 대장으로 삼았다. 다시 북을 울리고 호령을 내렸다. 그러자 여자들은 왼쪽으로 오른쪽으로 앞으로 뒤로 꿇어앉고 일어서는 모든 동작을 정확히 명령대로 따랐다. 모두가 정확했고 잡담 소리 하나 없었다. 그제야 비로소 손무는 왕에게 사람을 보내 아뢰었다.

"부대가 이제 갖춰졌습니다. 내려오셔서 시험해 보십시오. 명령만 내리면 물불 가리지 않고 뛰어들 것입니다."

너무나 놀란 왕은 아예 할 말을 잃었다.

"장군은 훈련을 끝내고 숙소로 돌아가 쉬시오. 내려가 보기를 원하지 않소."

손무가 탄식하여 말했다.

"대왕께서는 병법에 있는 글만 좋아하실 뿐 병법을 실제로 시행하시지는 못하는구나!"

이 일이 있고 난 뒤 오나라 왕 합려는 손무가 과연 용병에 뛰어난

《손자병법》을 지은 중국 고대 최고의 전략가 손무

것을 인정하게 되었고, 그를 장군으로 삼았다.

훗날 오나라는 서쪽으로 초나라를 무찔러 도읍을 빼앗고 북쪽으로 제나라와 진나라를 위협하여 그 이름을 온 세상에 떨치게 되었다. 여기에 손무의 공이 대단히 컸다.

02
상대의 강한 곳을 피하고
약한 곳을 공격하라

엉킨 실타래의 끝

손무가 죽은 후 100년이 지나 손빈이라는 병법가가 태어났다. 손빈은 손무의 후손으로 제나라 출신이었다. 어릴 적부터 방연이라는 사람과 함께 병법을 배웠다. 그런데 방연이 먼저 위나라에서 벼슬을 얻어 장군이 되고 왕의 신임을 얻었다. 그러나 방연은 스스로 자신의 재능이 손빈에게 뒤떨어진다고 생각했기 때문에 몰래 사람을 보내 손빈을 위나라로 불렀다. 손빈이 위나라에 도착한 뒤 방연은 손빈이 자기보다 확실히 뛰어난 것을 보고 그를 미워하게 되었다. 그래서 속임수를 써서 손빈에게 간첩죄를 뒤집어씌워 다리를 자르는 형벌에 처했다. 또 얼굴에 불로 흉터를 남기게 하는 형벌도 받게 했다.

아예 이번 기회에 손빈을 노비로 만들어 자기와 맞설 수 있는 사람이 이 세상에 두 번 다시 나타날 수 없게 하고자 한 것이었다. 이렇게 하여 손빈은 하루 종일 방에 누워 세 끼 밥을 받아먹는 신세가 되었다.

하지만 그 뒤 제나라 사신이 위나라를 방문했을 때, 손빈은 몰래 손을 써서 그를 만났다. 사신은 몇 마디를 나누자마자 손빈의 재능을 금세 알아보고 자기 수레에 숨겨 제나라로 데려갔다. 제나라로 간 손빈은 전기라는 장군의 집에 머물게 되었다. 전기는 도박을 좋아해 제나라 귀족들과 돈을 걸고 마차 경기 도박을 즐겼다. 손빈이 살펴보니 양측의 세 마차는 상, 중, 하 3등급으로 나눌 수 있고 등급이 같은 말은 다리 힘에 차이가 없었다. 손빈은 꾀를 내서 전기에게 말했다.

"이번 승부를 꼭 이기게 해드리겠습니다."

전기는 대신들뿐 아니라 왕까지 끌어들여 큰 승부를 하게 되었다. 드디어 마차 경기가 열리는 날, 손빈은 전기에게 귀띔해 주었다.

"마차의 출전 순서를 우리 쪽의 제일 느린 말이 상대방의 제일 빠른 말과 한 조가 되도록 하십시오. 그리고 우리 쪽의 가장 빠른 말을 상대방의 중간치 말과 한 조가 되게 하고 중간치 말을 상대방의 가장 느린 말과 한 조가 되도록 짜십시오."

결과는 당연히 2승 1패였다. 전기는 이날의 승리로 큰 상금을 받게 되었다. 전기는 손빈의 재능에 점점 빠지게 되어 마침내 제나라 왕에게 그를 추천했다. 왕은 손빈을 불러 병법에 관해 몇 마디 물어본 후 곧바로 지휘관에 임명했다.

얼마 뒤 위나라가 조나라를 공격했다. 조나라는 위나라의 공격에

손빈이 꾀를 낸 전기의 마차 도박

견딜 수 없게 되자 제나라에 구원을 요청했다. 제나라 왕은 손빈을 장군으로 임명하려 했으나 손빈은 자신이 형벌을 받은 사람이라면서 끝내 받아들이지 않았다. 그러자 왕은 전기를 장군으로 삼고 손빈은 군사고문으로 임명했다.

전기가 병사들을 이끌고 조나라로 가려 하자 손빈이 말했다.

"엉킨 실타래를 풀 때는 반드시 차분하게 그 끝을 찾아야 합니다. 그런 뒤 손으로 천천히 풀어야 합니다. 절대로 급하게 힘을 줘서 당기거나 주먹으로 쳐서는 안 됩니다. 상대방의 강한 곳은 피하고 약한 곳을 공격해야 합니다.

지금 위나라와 조나라가 서로 싸우고 있으니, 위나라의 날쌘 병사들은 모두 외국에 나가 있고 나이가 많고 몸이 약한 사람들만 국내에 남아 있을 것입니다. 그러니 장군께서는 병사들을 이끌고 빨리 위나라 도성으로 들어가 중요한 곳을 차지하고 수비가 약한 곳을 공격하십시오. 그렇게 되면 그들은 틀림없이 조나라를 포기하고 자기 나라를 구하러 돌아올 것입니다. 이것이야말로 조나라의 포위를 풀게 하면서 위나라를 물리칠 수 있는 방법입니다."

전기가 손빈의 말대로 하자 위나라는 과연 조나라 포위를 풀고 돌아왔다. 이때 제나라가 위나라 군대를 크게 무찔렀다.

"바로 이곳에서
네가 죽으리라!"

그로부터 13년이 흘렀다. 위나라는 조나라와 손을 잡고 한나라를 공격하게 되었다. 제나라는 한나라의 도움 요청에 전기를 장군으로 삼고 손빈을 군사고문으로 하여 지원에 나섰다. 손빈과 전기는 이번에도 역시 위나라 뒤쪽을 공격하는 방법을 이용하여 위나라의 도성으로 진격했다. 이때 위나라 장군은 바로 방연이었다. 그는 제나라가 위나라를 기습할 것이라는 소식을 듣자 한나라 공격을 포기하고 급히 군대를 돌렸다. 이때 제나라 군대는 벌써 국경을 넘어 위나라 서쪽을 공격하고 있었다. 손빈은 방연의 부대가 곧 도착할 것을 알고 전기에게 말했다.

"위나라 군사는 원래 용감무쌍하고, 제나라 군사는 겁쟁이로 유명합니다. 전쟁을 잘하는 사람은 주어진 형세를 잘 이용하여 자기 쪽에 유리하게 만들지요. 병법에 '승리하기 위하여 급하게 100리 길을 달려온 군대는 상장군을 잃게 된다. 또 승리하기 위하여 급하게 50리 길을 달려온 군대는 그 절반만이 도착하게 된다.'라고 했습니다.

지금 적들이 우리를 얕보고 겁 없이 덤벼드는 것이 우리에게 가장 좋지요. 우리가 겁을 먹고 도망치는 것처럼 꾸며서 그들이 스스로 우쭐거리도록 만들어야 합니다. 위나라 땅에 들어간 첫날에는 병사들에게 아궁이를 10만 개 만들게 하십시오. 다음 날에는 아궁이를 5만 개

손자의 후손으로 역시 병법의 대가였던 손빈

만들게 하고, 또 그다음 날에는 3만 개를 만들게 하십시오."

이렇게 하여 방연은 사흘 동안 계속하여 도망가는 제나라 군사를 뒤쫓았다. 그는 제나라 군대의 아궁이 숫자가 크게 줄어 가는 것을 보고 대단히 기뻐했다.

"전부터 제나라 군대가 겁쟁이라는 말은 듣고 있었다. 하하하! 우리나라에 들어온 지 사흘 만에 벌써 거의 도망쳐 버렸구나! 쯧쯧쯧!"

방연은 움직임이 느린 보병부대 대신 말을 타고 가볍게 무장한 기병대만 이끌고 밤을 새워 재빨리 제나라 군대를 뒤쫓았다.

손빈은 방연의 공격 속도를 계산하여 그가 해가 진 뒤 마릉이라는 곳에 도착할 것으로 예상했다. 그곳은 양쪽이 산으로 둘러싸여 있고 길이 매우 좁고 험하여 병사들을 숨겨 놓기에 안성맞춤이었다. 손빈은 병사들을 시켜 길가에 서 있는 큰 나무의 껍질을 벗기게 해서 속이 드러나게 한 다음 "방연, 이 나무 아래에서 죽다!"라고 크게 써놓았다. 그러고는 활을 잘 쏘는 병사들에게 수많은 활을 주고 길가에 숨겨 둔 뒤 이렇게 명령했다.

"날이 저물면 이 나무 밑에서 불이 켜질 것이다. 그 불을 향해 일제히 활을 쏘아라."

그날 밤, 방연은 과연 껍질이 벗겨진 이 나무에 무엇인가 쓰여 있는 것을 발견하고 불을 밝히게 했다. 드디어 불이 밝혀지고 아직 글자를 다 읽지도 못했을 때, 갑자기 제나라 군사들의 화살이 쏟아졌다. 화살은 사방에서 비 오듯 쏟아졌고 위나라 군대는 어둠 속에서 큰 혼란에 빠져 버렸다. 방연은 이미 손쓸 도리가 없다는 사실을 알고 칼을 빼어 들어 스스로 목숨을 끊었다. 죽기 직전 그는 하늘을 우러러보면서 크게 탄식했다.

"아아! 결국 내가 그 아이의 이름을 빛내 주는구나!"

제나라 군대는 기세를 몰아 위나라 군대를 전멸시켰으며 위나라 태자까지 사로잡아 돌아왔다.

그 후 손빈은 왕에게 거듭 그만 물러나겠다는 뜻을 밝혔고 왕은 특별히 손빈에게 산중山中 거사라는 벼슬을 내렸다. 손빈은 산속에서 병법책을 써서 세상에 남긴 후 어느 날 갑자기 어디론가 사라졌다.

나쁜 소문 때문에
벼슬에서 물러나다

오기는 위나라 사람으로 군사작전에 뛰어났다. 그는 공자의
제자인 증자에게 학문을 배웠으며 그 뒤 노나라에서 벼슬을 했다.

이 무렵 제나라가 노나라를 공격했는데, 노나라는 오기를 장군으로
세우려 했다. 그러나 오기의 아내가 제나라 사람이었으므로 노나라는
오기가 제나라와 어떤 좋지 못한 관계가 있지 않을까 의심했다. 오기
는 이번 기회를 놓쳐서는 안 된다고 생각하고 자신이 죄가 없음을 보
여 주기 위해 아내를 내쫓았다. 마침내 오기는 장군으로 임명되었고
제나라와 싸워 크게 이겼다.

그러나 노나라는 유학자들이 많은 나라였기 때문에 오기에 대한 소
문이 매우 나쁘게 퍼져 있었다.

"오기는 질투가 많고 잔인한 인간이다. 그의 집안은 원래 부자였지만 오기가 젊었을 때 돈을 마구 썼기 때문에 재산을 몽땅 날리고 말았다. 고향 사람들이 비웃자 오기는 원한을 품고 30여 명을 죽인 뒤 다른 나라로 도망쳤다. 그는 어머니와 헤어질 때 '재상이 되기 전에는 돌아오지 않겠다.'라면서 팔을 물어뜯고 다짐했다."

"오기는 위나라에서 도망쳐 증자의 제자가 된 후 얼마 지나지 않아 어머니가 돌아가셨지만 끝내 돌아오지 않았다. 증자는 불효자라는 이유로 그를 내쫓았고, 그는 노나라로 와서 병법을 배워 나랏일을 했다. 노나라가 그와 제나라의 관계를 의심하자, 이제 그는 자신이 장군이 되기 위해 아내를 내쫓아 버렸다."

"노나라는 작은 나라다. 오기가 조그만 전투에서 이겼지만 그로써 다른 나라의 공격 목표가 될 것이 뻔하다. 더구나 노나라와 위나라는 옛날부터 형제 나라이다. 그러므로 위나라에서 도망쳐 온 오기에게 벼슬을 주어 쓰려는 것은 위나라와의 좋은 관계를 해칠 뿐이다."

이와 같은 말들이 여기저기서 나돌자 노나라 왕도 할 수 없이 오기를 물러나게 했다.

병사들과 똑같이 입고
똑같이 먹는 장군

노나라를 떠난 오기는 위나라 왕이 널리 인재를 찾고 있다는 사실을 알고 왕에게 위나라에서 일해 보고 싶다고 했다. 왕은 재상인 이극에게 오기의 인물됨을 물었다. 그러자 이극이 대답했다.

"오기는 욕심이 많고 여자를 너무 좋아하지만 군사작전은 매우 뛰어납니다."

왕은 오기를 장군으로 임명했다. 장군이 된 오기는 과연 작전의 명수답게 진나라를 공격하여 다섯 개 성을 빼앗았다.

오기는 언제나 가장 낮은 병사와 똑같은 옷을 입고 똑같은 음식을 먹었다. 잘 때도 자리를 깔지 않았으며 행군할 때도 마차에 타지 않았다. 자기 식량은 자기가 직접 가지고 다녔고, 항상 병사들과 함께 있었으며 즐거움과 괴로움을 같이했다.

어느 날 병사 한 명이 종기가 나서 괴로워하자, 오기가 종기의 고름을 손수 입으로 빨아내었다. 이것을 안 병사의 어머니는 슬프게 통곡했다. 어떤 사람이 이상하게 생각하여 물었다.

"당신의 아들은 일개 병사에 지나지 않는데 장군이 직접 고름을 빨아 주셨소. 그런데 왜 우는 것이오?"

이 말에 어머니가 한숨을 쉬며 대답했다.

"바로 작년에 오기 장군께서 그 애 아버지의 종기 고름을 빨아 주셨

위나라의 명장군 오기

부하의 고름을 빨아내는 오기

지요. 그 후 그이는 전쟁에 나갔습니다. 그이는 오기 장군의 은혜를 갚기 위해 끝까지 적에게 등을 보이지 않고 싸우다 돌아가셨지요. 그런데 이번에 제 아들의 종기를 빨아 주셨지요. 이제 그 애의 운명은 뻔한 것입니다. 그래서 이렇게 슬프게 우는 것입니다."

왕은 오기에게 국경 지역을 맡겨 진나라와 한나라의 침략을 막도록 했다. 위나라 왕이 죽고 그 아들 무후가 왕위를 이어받았을 때도 오기는 계속 위나라 장군으로 일했다. 어느 날 무후는 오기와 함께 강에 배를 띄우고 뱃놀이를 했다. 강가의 경치를 바라보던 무후가 오기에게 말했다.

"정말 훌륭하지 않소. 이 요새야말로 우리나라의 보물이오."

그러자 오기가 대답했다.

"그렇지 않습니다. 나라의 보물이란 험난한 지형地形에 있는 것이 아닙니다. 나라를 다스리는 분이 지닌 덕이야말로 나라의 보물입니다. 만일 군주께서 덕으로 다스리려 노력하지 않는다면 지금 배에 같이 타고 있는 모든 사람이 적이 될 것입니다."

무후는 과연 옳은 말이라면서 고개를 끄덕였다.

오기의 이름은 나날이 높아갔다. 몇 년이 지나 진나라가 쳐들어왔다. 병사들은 앞을 다투어 전쟁터에 나가기를 원했다. 오기가 왕에게 아뢰었다.

"지금까지 공을 세우지 못했던 병사 5만 명을 주시면 적을 물리칠 것입니다."

"왜 싸움을 잘하는 병사들을 달라고 하지 않는 것이오?"

왕이 이상하다는 듯이 묻자 오기가 대답했다.

"이제까지 공을 세우지 못한 병사들은 공이 없음을 스스로 부끄럽게 생각하여 목숨을 걸고 싸울 것입니다. 한 사람이 목숨을 아끼지 않고 싸운다면 적 1000명을 떨게 할 수 있다고 합니다."

왕이 '공을 세우지 못한' 병사 5만 명을 오기에게 주었다. 과연 그 병사들은 목숨을 걸고 싸워 큰 승리를 거뒀다.

한편 무후는 전문이라는 사람을 새로운 재상으로 임명했다. 그러자 은근히 자기가 새 재상 자리에 오를 것이라고 기대했던 오기는 마음이 불편했다. 그래서 기회를 엿보다가 전문에게 말했다.

"당신과 나 둘 중 누가 더 공적이 많습니까? 한번 비교해 봅시다."

"좋습니다."

전문이 대답했다. 이어서 오기가 물었다.

"장군으로서 병사들의 사기를 높이고 다른 나라가 넘볼 틈을 없앤 공적은 어느 쪽이 더 많습니까?"

"당신 쪽입니다."

전문이 이렇게 대답하자 다시 오기가 물었다.

"그러면 백성들과 친하며 나라의 창고를 가득 차게 한 점에서는 어떻습니까?"

"당신 쪽입니다."

전문이 역시 같은 대답을 했다.

"진나라로 하여금 공격을 포기하게 하고 한나라와 조나라를 굽히게 한 사람은 누구지요?"

오기가 다시 묻자 전문은 "그것도 당신 쪽입니다."라고 대답했다. 그러자 오기가 말했다.

"이렇게 세 가지 모두 내가 뛰어납니다. 그런데 왜 당신이 높은 자리에 있는 것입니까?"

이에 전문이 말했다.

"우리 군주께서는 아직 젊고 나라 안은 여전히 어지럽지요. 또한 신하들은 진심으로 따르지 않으며, 관리들의 믿음 또한 얻지 못했습니다. 이와 같은 때 당신과 나 중 어느 쪽이 재상으로 알맞겠습니까?"

오기는 조용히 생각하더니 대답했다.

"당신이 낫습니다."

얼마 후 전문이 죽고 공숙이 재상이 되었다. 공숙은 위나라 공주를 아내로 삼고서 권세를 휘둘렀는데, 오기를 대단히 미워했다. 결국 오기는 두려운 마음이 생겨 위나라를 떠나 초나라로 갔다.

오기의
마지막 승부

초나라 왕은 전부터 오기의 이름을 많이 들었기 때문에 곧바로 그를 재상으로 삼았다.

몇 년이 흐르자 초나라는 강대국으로 널리 이름을 떨치게 되었다.

그러나 오기에게 벼슬을 빼앗긴 왕의 친척들은 보복할 기회만을 노렸다. 마침내 왕이 세상을 떠나자 그들은 반란을 일으켰다. 반란군에 쫓긴 오기는 마지막으로 왕의 시체가 있는 곳으로 도망하여 그 위에 엎드렸다. 반란군들은 오기를 발견하고 화살을 무수히 쏘았다. 화살은 오기를 죽게 만들고 왕의 시체에까지 박히게 되었다.

왕의 장례가 끝나고 새로 왕이 된 태자는 곧바로 오기를 죽이고 왕의 시체에 활을 쏜 사람들을 조사하도록 명령을 내렸다. 결국 그들은 모두 사형에 처해져 70여 가족이 죽었다.

4

세상에
쓸모없는
사람은
없다

전국시대에 들어와서는 왕권이 강화되면서 씨족제도가 매우 빠른 속도로 무너졌고, 이로 인해 귀족의 권위는 벼랑 끝에 내몰리게 되었다. 그리하여 이들은 널리 인재를 모아 자기 세력을 키우고자 했다.

선비士들 역시 귀족들에게 의존하고자 했고, 귀족들 사이에는 부귀와 권세를 얻기 위해 '선비'를 '키우는' 풍토가 퍼지게 되었다. 이들 선비는 학사學士, 책사策士, 방사方士, 술사術士, 식객食客 등으로 불렸다. 상앙을 비롯하여 장의, 범저, 이사 등 당시 거물 정치인들 대부분이 식객 출신이었다.

이러한 식객을 많이 거느린 유력 인물들은 왕에 버금가는 지위와 권세를 누렸다. 특히 제나라의 맹상군, 조나라의 평원군, 위나라의 신릉군, 초나라의 춘신군 등은 '전국 4공자戰國四公子'로서 널리 알려졌다. 이들은 대개 3000명도 넘는 식객을 거느렸으며, 그들에게서 갖가지 지혜와 술수, 사건들이 엮여 나왔다.

그중에서도 맹상군은 손님 대접하기를 좋아하고 재주 있는 선비들과 사귀기를 즐겼다. 그 때문에 많은 인재가 그에게 모여들어 전성기에는 자그마치 6만 호가 그의 땅에 들어와 살았다. 맹상군이 이렇게 많은 인물과 어울리고 대접했기 때문에 당연히 본문에는 갖가지 인간 군상이 소개되고 여러 독특한 이야기가 전개된다. 예를 들어, 닭 울음소리 흉내를 잘 내는 사람이나 개와 같이 도둑질하는 사람처럼, 세상에서 손가락질만 당하던 이들이 오히려 가장 큰 어려움에 빠진 맹상군을 돕게 되는 계명구도鷄鳴狗盜 이야기는 무척이나 역설적이다.

또한 맹상군이 세력을 크게 떨칠 때 그토록 모여들었던 인물들이 맹상군이 힘을 잃자 순식간에 모조리 사라지는 서글픈 세상인심도 그대로 묘사되어 있다. 맹상군이 자기를 떠났던 사람이 다시 찾아오면 그 얼굴에 침을 뱉어 주겠다며 화를 내는 장면은 대단히 인상적이다. 그러자 한 식객이 "아침이면 시장에 사람이 앞을 다투어 모여들고 저녁에는 모조리 시장에서 떠나는 것은 결코 시장을 좋아하거나 미워해서가 아니라 지극히 자연스러운 일이며, 만약 대감 생각처럼 한다면 그것은 사람들이 모여드는 길을 끊는 것에 지나지 않는다."고 충고했다. 이에 곧바로 맹상군은 큰 가르침을 얻었노라면서 두 번 큰절을 했다. 현명한 충고에 감탄하는 것도 당연한 일이겠지만, 아랫사람의 충고를 기꺼이 받아들이는 맹상군의 태도 역시 높이 평가받을 일이다.

누구를 위하여
재산을 모으는가?

제나라 사람 맹상군의 이름은 문이며 성은 전田씨로 아버지
는 전영이다. 전영은 제나라 위왕의 작은아들로 제나라에서 재상을 지
내면서 설薛 지역의 땅을 받았다.

전영에게는 마흔 명이 넘는 아들이 있었는데, 한 소첩에게서 문이
라는 아들이 태어났다. 그 아기의 출생일은 5월 5일이었다. 그때 전영
은 아기를 낳은 어머니에게 명했다.

"아기를 내다 버려라!"

그러나 그 어머니는 몰래 아이를 키웠다. 아이가 큰 뒤에야 비로소
어머니가 아버지 전영에게 그 아들을 소개했다. 그러자 전영이 그 어
머니에게 버럭 화를 내었다.

"내가 분명 저 아이를 버리라 했는데 몰래 키웠구나. 왜 그렇게 했는가?"

어머니가 아무 말도 못 할 때 전문이 머리를 조아리며 물었다.

"5월 5일에 태어난 아이를 기르지 말라시는 까닭이 무엇입니까?"

그러자 전영이 대답했다.

"5월 5일에 태어난 아이는 키가 문 높이만큼 자라면 부모를 죽인다고 하기 때문이었다."

전문이 다시 물었다.

"그렇다면 사람의 운명은 하늘로부터 받는 것인가요? 아니면 문으로부터 받는 것인가요?"

전영은 아무 대답도 하지 못했다. 전문이 말을 이었다.

"만약 하늘로부터 운명을 받는다면 무엇을 걱정하시는지요? 또 만약 문으로부터 운명을 받는다면 문 높이를 더 높이면 될 것입니다. 누가 그렇게 높이 클 수가 있다는 말인가요?"

전영은 말문이 막혔다.

"더는 그 문제를 이야기하지 말라."

어느 날 전문이 아버지를 만나는 기회를 틈타 물었다.

"아들의 아들은 무엇이라고 하는지요?"

전영은 "손자라 한다."라고 대답했다.

"손자의 손자는 무엇이라고 하는지요?"

"현손이라 한다."

"현손의 손자는 무엇이라고 하는지요?"

이에 전영은 "그건 알 수가 없다."라고 대답했다.

그러자 전문이 말을 이었다.

"아버님께서는 제나라 재상이 되신 후 지금까지 세 왕을 섬기셨습니다. 그동안 제나라는 영토를 한 치도 넓히지 못했지만 아버님께서는 엄청난 재산을 모으셨지요. 하지만 아버님 곁에는 현명한 사람이 단 한 명도 보이지 않습니다. '장군 집안에서는 반드시 장군이 나오고 재상 집안에서는 반드시 재상이 나온다.'고 들었습니다. 아버님께서는 지금 더욱더 많은 재물을 모아 창고에 쌓아 두고 누군지도 모르는 어느 자손에게 물려주려 하십니다. 그러면서 나라는 하루가 다르게 약해져가는 것은 잊고 계시지 않으신지요?"

그러자 전영은 전문이 보통 아이가 아니라는 것을 깨닫고 그에게 집안일을 맡겼다. 그러면서 손님들을 접대하는 일을 맡도록 했다. 손님들이 날로 늘어나 전문의 이름도 세상에 널리 알려지게 되었다. 제후들은 모두 사람을 보내 전영에게 전문을 후계자로 삼으라고 권했고 전영은 그 말을 받아들였다. 전영이 죽은 후 전문은 그의 뒤를 이어 설 땅의 제후가 되었는데 이 사람이 바로 맹상군이다.

손님 3000명을
가족처럼 대하다

맹상군은 제후들의 식객들, 죄를 짓고 외국으로 몸을 피한 사람들을 불러 모았다. 그리고 그들에게 잘 곳과 일자리를 주고 잘 대접하여 세상 선비들이 모두 맹상군을 찾아왔다. 그의 식객은 수천 명에 이르렀는데, 맹상군은 그들의 지위가 높든 낮든 가리지 않고 똑같이 대접했다.

맹상군이 손님들을 맞아 이야기할 때면 병풍 뒤에서 기록하는 사람이 있어서 대화 내용은 물론 손님의 친척과 그들이 사는 곳까지 기록했다. 손님이 가고 나면 곧 심부름꾼을 그의 집으로 보내 인사하고 또 그의 친척에게 선물을 주게 했다. 어느 날 맹상군이 손님을 맞이하여 같이 저녁식사를 하고 있었다. 이때 어떤 사람이 불을 꺼뜨리자 손님은 자기에게 차려 준 저녁밥이 맹상군의 것과 달라서 일부러 불을 껐다고 생각했다. 그러고는 크게 화를 내면서 자리를 박차고 나가려 했다. 맹상군이 직접 자기의 밥과 손님의 밥을 견주어 보여 주었는데 아무런 차이가 없었다. 그 손님은 크게 부끄러워하며 스스로 목을 찔러 죽었다. 이 소문이 나자 더욱 많은 식객이 맹상군에게 모여들었다. 이렇게 맹상군이 누구에게나 잘 대접했으므로 식객들은 모두 맹상군이 자기와 특별히 친하다고 생각했다.

한편 진나라 소왕은 맹상군이 현명하다는 것을 알고 그를 진나라로

누구에게나 좋은 대접을 하여 천하의 인재를 불러 모은
제나라 재상 맹상군
—

불렀다. 맹상군은 이를 받아들여 진나라로 가려 했다. 그러나 같이 가기를 원하는 사람이 한 사람도 없었고, 모두 말리고 나섰다. 소진의 동생 소대가 맹상군을 만나 말했다.

"오늘 아침 제가 이곳으로 오다가 나무로 만든 인형과 흙으로 만든 인형이 말다툼하는 것을 들었지요. 나무인형이 '하늘에서 비가 내리면 넌 금방 허물어져 버릴 거야.'라고 했답니다. 그러자 흙인형은 '난 흙으로 만들어졌기 때문에 허물어져도 흙으로 돌아갈 뿐이지만 넌 비가 내리면 떠내려가서 어떻게 될지 모른다.'고 했지요. 지금 진나라는 호랑이와 같은 야만적인 나라입니다. 그런데도 구태여 그곳에 가시려 하니 만일 돌아오시지 못한다면, 흙인형에게 비웃음을 당할 것입니다."

맹상군은 그 말을 듣고 비로소 진나라로 가는 것을 포기했다.

닭 울음소리와 도둑

제나라 민왕 25년, 진나라는 다시 맹상군에게 자기 나라를 방문하라고 강요했다. 힘이 약한 제나라는 어쩔 수 없이 그를 진나라로 보냈다. 맹상군이 진나라에 도착하자 진나라 소왕은 곧바로 그를 재상으로 삼으려 했다. 이때 진나라의 한 신하가 아뢰었다.

"맹상군은 결국 제나라 사람입니다. 진나라의 재상이 된다 하더라도 반드시 먼저 제나라를 생각하고 그 뒤에야 비로소 진나라를 생각하게 될 것입니다. 그렇게 되면 진나라가 위험해지지 않을까 대단히 걱정됩니다."

이 말을 들은 진나라 왕은 맹상군을 재상으로 삼으려던 계획을 없던 일로 했다. 그러고는 맹상군을 가두고 아예 죽이려 했다. 맹상군은 사람을 보내 진나라 왕이 가까이하는 후궁을 만나 도움을 청했다. 그러자 그 후궁이 말했다.

"저는 맹상군께서 가지고 오신 흰여우 가죽옷을 가지고 싶답니다."

원래 맹상군은 이번 방문길에 흰여우 가죽옷을 한 벌 가지고 왔다. 값이 천금이나 나가는 귀한 물건이었지만 그 옷은 진나라에 들어올 때 이미 왕에게 바친 뒤였다. 맹상군은 같이 간 식객들에게 좋은 방법이 없겠느냐고 물었다. 그러나 모두 대답을 하지 못했다. 그때 평소 마치 개처럼 남의 집 담을 넘어 도적질이나 하던 식객 한 사람이 말문을 열었다.

"제가 그것을 가지고 오지요."

그날 밤 그는 개처럼 진나라 왕궁의 창고에 몰래 들어가 전에 맹상군이 왕에게 바쳤던 흰여우 가죽옷을 훔쳐 가지고 나왔다. 그것을 후궁에게 바치자 그녀는 왕에게 맹상군을 풀어 달라고 했고 마침내 왕은 맹상군을 풀어 주었다.

맹상군은 풀려나자마자 서둘러 진나라를 떠났다. 통행증명서도 고치고 이름도 바꾸어 국경을 통과하려고 했다. 그들은 말을 바삐 달려

함곡관을 몰래 빠져나오는 맹상군

한밤중에 함곡관에 이르렀다. 진나라 왕은 뒤늦게야 속은 것을 깨닫고 그를 찾았으나 이미 맹상군은 달아난 뒤였다. 그래서 곧바로 군대를 보내 그를 뒤쫓게 했다. 맹상군은 함곡관에 도착했지만 닭이 울기 전에는 성문이 열리지 않아 나갈 수 없었다. 맹상군은 진나라 병사들이 뒤쫓아올까 봐 몹시 걱정했다. 이때 가장 끝자리에 앉아 있던 식객 중에 닭 울음소리 흉내를 잘 내는 사람이 있었다. 그가 닭 울음소리를 내자 인근의 다른 닭들이 모두 함께 울었다. 드디어 함곡관의 성문이 활짝 열렸고, 일행은 무사히 빠져나올 수 있었다.

성문이 열린 지 얼마 되지 않아 진나라 병사들이 함곡관에 도착했지만 이미 맹상군은 떠난 뒤였다. 처음에 맹상군이 닭 울음소리 흉내를 잘 내는 사람과 도둑질하는 사람을 집에 들였을 때 다른 식객들은 그 사람들 옆에 앉는 것조차 몹시 부끄럽게 생각했다. 그러나 맹상군이 진나라에 들어가 정작 어려움을 당했을 때 결국 그 두 사람이 그를 살려 냈다. 이때부터 식객들은 맹상군의 사람 보는 눈을 다시 보게 되었다.*

🐦 이때 닭 울음소리(계명鷄鳴) 흉내를 잘 내는 사람과 개와 같이 도둑질(구도狗盜)을 하는 사람 때문에 맹상군이 목숨을 건진 것을 후세 사람들이 '계명구도鷄鳴狗盜'라고 일컬었다. 지금은 작은 재주 혹은 그런 재주가 있는 사람을 일컫는다.

한편 제나라 민왕은 자기가 맹상군을 진나라로 보내 어려운 처지에 놓이게 만들었기 때문에 줄곧 마음에 걸렸다. 그는 맹상군이 돌아오자 재상으로 삼고 모든 일을 그에게 맡겼다.

빚 문서를
모조리 불태우다

풍환이라는 사람이 맹상군이 손님들에게 잘 대접한다는 소문을 듣고 찾아왔다. 맹상군은 짚신을 신고 행색이 꾀죄죄한 그의 모습에 아랑곳하지 않고 물었다.

"이렇게 먼 길을 와주셔서 정말 고맙습니다. 저에게 무엇을 가르쳐 주시겠는지요?"

"대감께서 손님을 좋아하신다는 소문을 들었는데, 나는 집이 가난해서 대감의 식객이 되고자 합니다."

맹상군은 그를 허름한 3등 숙소에 머물게 하고 열흘이 지나 숙소를 지키는 관리를 불러 물었다.

"그 손님은 어떻게 지내는가?"

"예, 그 손님은 매우 가난해 겨우 칼 한 자루를 가지고 왔을 뿐입니다. 그것도 새끼줄로 자루를 감은 보잘것없는 칼입니다. 그는 그 칼을 손으로 두드리면서 '장검이여, 돌아갈거나! 내 밥상에 고기가 없구나!'라는 노래를 부릅니다."

그러자 맹상군은 그를 중간 등급인 2등 숙소로 옮겨 주고 고기반찬을 주었다. 그리고 닷새가 지난 뒤 관리에게 물었다.

"여전히 칼을 두드리면서 '장검이여, 돌아갈거나! 밖에 나가려 해도 수레가 없구나!' 하는 노래를 부릅니다."

칼을 두드리며 맹상군의 대접을 기다리는 풍환

맹상군은 다시 그를 가장 좋은 1등 숙소로 옮겨 주고 드나들 때 편리하게 사용하도록 수레도 주었다. 다시 닷새가 지난 뒤 관리에게 물었더니 이렇게 대답했다.

"여전히 칼을 두드리고 있습니다. 이번에는 '장검이여, 돌아갈거나! 살 집이 없구나!'라면서 노래를 부르지요."

이 말을 들은 맹상군은 기분이 그다지 좋지 않았다. 한 해가 지나도록 풍환은 아무 일도 하지 않았다.

그 무렵 맹상군은 제나라 재상으로 있으면서 1만 식구에 이르는 사람을 다스렸다. 그런데 이때 그의 식객은 3000명이나 되어 세금 수입만으로는 그 많은 손님을 대접하기 어려웠다. 할 수 없이 사람을 시켜 설 땅의 백성들에게 빚을 놓았다. 하지만 돈을 빌려 간 사람들이 모두 수입이 좋지 못하여 이자도 갚지 못하게 되었고, 맹상군은 식객 대접하는 일에 점점 더 어려움을 겪게 되었다. 맹상군이 걱정 끝에 부하들에게 물었다.

"누가 가서 빚을 받아올 수 있을까?"

그러자 숙소를 지키던 그 관리가 대답했다.

"풍환이라는 사람은 생김새와 행동으로 볼 때 말솜씨가 좋고 능력이 뛰어난 인물입니다. 그를 보내 빚을 받도록 하면 될 듯합니다."

맹상군이 그 의견에 따라 풍환을 불러 말했다.

"손님들께서 내가 능력이 없다는 사실을 알지 못합니다. 지금 나에게 와 있는 사람들은 3000명이 넘습니다. 그런데 이제 세금만으로 이 많은 분들을 대접하기 어려워 빚을 놓게 되었지요. 하지만 한 해가 지나도록 돈은 한 푼도 돌려받지 못했고 많은 백성은 이자조차 내지 못하는 형편입니다. 여러분께 식사도 제대로 차려 드리지 못하게 될까 걱정입니다. 그래서 선생께 이 일을 부탁드릴까 합니다.”

풍환은 길을 떠났다. 그는 곧바로 돈을 빌려 쓴 사람들을 불러 모아 이자 10만 전을 거두었다. 그는 그 돈으로 살찐 소를 사고 맛있는 술을 빚어 돈을 빌린 사람들을 모이게 했다. 그러고는 이자를 갚을 수 있는 사람도 오고 갚을 능력이 없는 사람도 와서 돈 빌려 간 문서를 맞추어 보게 했다. 이렇게 모두 한데 모여서 매일같이 소를 잡고 술을 마련해 잔치를 벌였다. 모두가 술이 거나하게 오르자 풍환은 돈 빌려 간 문서를 지난번처럼 맞춰서 이자를 낼 수 있는 사람은 이자 낼 날짜를 정했다. 또 가난해서 이자조차 낼 수 없는 사람은 문서를 그 자리에서 불태워 버렸다. 그러고는 이렇게 말했다.

“맹상군께서 처음에 돈을 빌려준 까닭은 가난한 백성들이 그 돈을 밑천으로 삼아 생업에 힘쓰게 하기 위한 것이었소. 이자를 붙인 것은 식객들을 대접할 돈이 없었기 때문이었지요. 이제 여유가 있는 사람에게는 갚을 날짜를 약속받고 이자를 갚을 능력이 없는 가난한 사람에게는 돈 빌린 문서를 불태워 그 빚을 없앨 것이오. 그러니 여러분께서는 안심하고 마음껏 드시오. 이렇게 어지신 공자님이 있으니 어떻게 그 아름다운 뜻을 저버릴 수 있겠소!”

자리에 모였던 사람들은 모두 일어나 절을 하고 큰 소리로 “맹상군만세!"를 외쳤다.

한편 돈을 빌려준 문서를 모조리 태워 버렸다는 소식을 전해 들은 맹상군은 크게 화를 내며 사람을 보내 풍환을 불러들였다. 풍환이 오자 맹상군이 말했다.

"나에게는 식객이 3000명 있소. 그렇기 때문에 돈을 빌려준 것이오. 그런데 선생은 먼저 돈을 받은 뒤 살찐 소와 맛있는 술로 잔치를 열고 더구나 빚 문서까지 불태워 버렸다고 들었소. 이것이 도대체 어떻게 된 일이오?"

그러자 풍환이 말했다.

"소고기와 술을 많이 마련하지 않으면 그들을 모을 수 없습니다. 그렇게 하지 않고는 누가 돈을 갚을 수 있고 누가 돈을 갚을 수 없는지 알아낼 수 없지요. 여유가 좀 있는 사람에게는 돈을 갚을 기한을 정해 주었습니다. 그러나 가난한 사람은 내가 그곳에 눌러앉아 10년 동안 빚을 갚으라고 해본들 갚지 못한 채 이자만 많아질 뿐입니다. 그들이 할 수 있는 오직 한 가지는 빚 갚는 것을 포기하고 도망가는 방법밖에 없지요. 그렇게 되면 왕은 대감이 이익만 욕심내 백성을 사랑하지 않는다고 여기실 것입니다. 백성들은 주인을 배반하고 도망쳤다는 좋지 못한 죄만을 뒤집어쓸 뿐이지요. 이것은 대감의 명예에 해를 끼치는 일이 될 뿐입니다. 필요도 없는 빚 문서를 불태워 없앤 것은 백성들로 하여금 대감을 가깝게 여기게 하고 대감의 이름을 빛내려 한 목적 때문이었습니다. 왜 대감께서 이해하지 못하실 일이겠습니까?"

맹상군은 그제야 손뼉을 치며 잘한 일이라고 풍환에게 고마워했다.

영리한 토끼는
집을 세 개 준비한다

그 무렵 제나라 왕은 맹상군을 비난하는 진나라와 초나라의 꾀에 빠져 맹상군이 모든 권력을 자기 손에 쥔 채 쥐락펴락한다고 생각했다. 화가 난 왕은 맹상군의 재상 벼슬과 땅을 모두 빼앗았다. 맹상군이 재상 자리에서 물러나자 모든 식객이 그를 배신하고 떠나갔다. 이때 풍환이 말했다.

"저에게 진나라로 타고 갈 수 있는 수레 한 대만 주십시오. 반드시 대감께서 제나라에서 다시 귀하게 되도록 만들고 땅도 더욱 넓혀 드리겠습니다."

맹상군은 곧 수레와 선물을 마련하여 그를 진나라로 보냈다.

풍환이 진나라로 가서 왕을 만나 깨우쳐 설득했다.

"지금까지 진나라에 들어오는 세상의 선비들은 진나라 편에 서는 사람과 제나라 편에 서는 사람으로 나뉘어 있지요. 지금 진나라와 제나라는 이 세상의 우두머리 자리를 놓고 겨루는 강대국으로서 결코 함께 나란히 할 수 없습니다."

그러자 진나라 왕이 불안한 표정으로 물었다.

"그러면 진나라가 이기기 위해서는 어떻게 해야 하겠소?"

"제나라에서 맹상군이 재상을 그만둔 사실을 알고 계십니까?"

풍환이 묻자 진나라 왕이 대답했다.

"알고 있소."

풍환이 말했다.

"사실 제나라가 강대국이 될 수 있었던 이유는 바로 맹상군이 있었기 때문입니다. 그런 그가 지금 거짓 비난을 받고 억울하게 물러나게 되었지요. 그는 마음속으로 원한이 뼈에 사무쳐 반드시 제나라를 배반할 것입니다. 만약 그가 제나라를 버리고 진나라에 오게 되면 제나라의 사정을 모두 진나라에 일러바칠 것입니다. 이렇게 하여 대왕께서는 제나라를 멸망시킬 기회를 얻게 되는 것입니다. 대왕께서는 빨리 선물을 보내 몰래 맹상군을 모셔 오는 것이 좋습니다. 기회를 놓쳐서는 안 됩니다. 만약 제나라 왕이 후회하고 다시 맹상군을 쓰게 된다면 천하의 주인 자리는 누가 또다시 차지할지 알 수 없게 됩니다."

진나라 왕은 매우 기뻐하며 곧바로 수레 열 대와 많은 황금을 준비하고 맹상군을 불러오기로 했다. 풍환은 왕에게 작별 인사를 하고 진나라 사자보다 먼저 제나라에 도착하여 제나라 왕에게 말했다.

"지금까지 제나라에 들어오는 선비들은 제나라 편에 서는 사람과 진나라 편에 서는 사람으로 갈려 있지요. 지금 제나라와 진나라는 천하를 이끄는 강대국으로서 결코 함께할 수 없습니다. 지금 진나라의 사자가 수레 열 대에 많은 황금을 싣고 맹상군을 모시러 온다고 합니다. 만약 맹상군이 진나라의 재상이 된다면 승부는 곧바로 진나라 쪽으로 기울게 됩니다. 물론 제나라는 그 밑에 들어가는 형편이 되지요.

대왕께서는 왜 진나라 사자가 오기 전에 맹상군에게 다시 재상 벼슬을 주고 더 많은 땅을 내리지 않는지요. 맹상군은 반드시 기쁘게 받아들일 것입니다. 진나라가 아무리 강대국이라고 하지만 어떻게 남의 나라 재상을 수레를 보내 모시게 할 수 있겠습니까? 그렇게 하여 진나라의 음모를 미리 막고 천하를 차지하려는 욕심을 꺾어야 합니다.”

제나라 왕이 곧 사람을 국경으로 보내 살펴보니 과연 진나라 사자가 국경을 넘어오고 있었다. 이 사실을 알게 된 왕은 곧바로 맹상군을 불러 재상 벼슬을 다시 주고 이전의 땅 위에 1000호를 더 보태 주었다. 진나라 사자는 맹상군이 다시 제나라 재상이 되었다는 소식을 듣고는 수레를 되돌려 돌아갔다.

풍환이 맹상군에게 말했다:

“이것이 곧 교토삼굴狡兎三窟입니다. 영리한 토끼는 굴을 세 개나 가지고 있다는 뜻이지요. 즉, 대감께서는 이제까지 재물만 가지고 계셨기 때문에 굴이 하나뿐이었습니다. 그런데 이제 땅도 생기고 진나라 재상 자리도 마련해 놓은 셈입니다. 앞으로 어려움이 닥치더라도 굴이 두 개나 더 생긴 것이지요.”

세상 이치와
사람 인심

맹상군이 재상 자리에서 물러났을 때 손님들은 모두 그의 곁을 떠나갔다. 그런데 맹상군이 다시 재상이 되자 풍환은 그들을 불러모으려 했다. 그러자 맹상군이 탄식하며 풍환에게 말했다.

"나는 손님들을 소중히 여기고 그 대접에도 별로 실수가 없었소. 그래서 식객 수가 3000여 명이나 되었던 것이라 생각하오. 그러나 내가 벼슬에서 물러나자 모두 하루아침에 떠나 버렸소. 다행히도 이제 선생 덕분에 다시 벼슬자리를 얻게 되었는데 그들이 무슨 낯으로 나를 만나러 오겠소. 만일 뻔뻔스럽게도 찾아오는 사람이 있다면 그 얼굴에 침을 뱉어 주고 싶소."

풍환은 수레를 멈추고 내려선 뒤 머리를 숙여 정중하게 절을 했다. 맹상군도 수레에서 내려 절을 하면서 물었다.

"선생께서 손님들을 대신하여 사과하시는 것입니까?"

그러자 풍환이 대답했다.

"나는 결코 손님들을 대신하여 사과하는 것이 아닙니다. 지금 대감께서 하신 말씀이 잘못되었다고 생각하기 때문입니다. 원래 세상 이치란 반드시 그럴 수밖에 없는 것입니다. 아시는지요?"

어안이 벙벙해진 맹상군이 물었다.

"내가 너무 어리석어 무슨 말씀이신지 모르겠소."

풍환이 말을 이었다.

"살아 있는 것은 반드시 죽으며, 이는 모든 만물의 이치입니다. 부귀한 몸이 되면 반드시 매우 많은 사람이 그와 거래하게 되지요. 또 가난한 사람은 친구가 매우 적게 되는 것입니다. 대감께서는 시장터의 사람들을 보지 못하십니까? 아침에는 서로 앞을 다투어 먼저 문으로 들어가려 하지만, 해가 진 뒤에는 시장을 쳐다보지도 않습니다. 왜 그렇겠습니까? 아침에 시장을 좋아하다가 저녁에는 미워하기 때문이 아닙니다. 다만 저녁 시장에는 원하는 물건과 이익이 없기 때문이지요.

대감께서 벼슬을 잃자 손님들이 모두 떠났다고 해서 그들을 미워할 필요는 없습니다. 그것은 오직 손님들이 대감에게 다시 모여드는 길을 끊는 것에 지나지 않지요. 아무쪼록 손님들을 그전과 다름없이 잘 대접해 주시기 바랍니다."

맹상군은 두 번이나 절하며 말했다.

"잘 알겠소. 선생의 말씀에 따르겠소. 선생의 말씀을 듣고 어떻게 높은 가르침을 받들지 않을 수 있겠소."

5

주머니 속의
송곳

조나라의 평원군은 '전국 4공자' 중 한 사람으로 현명하고 사람과 사귀기를 좋아해 그의 밑으로 모여든 식객이 수천 명이나 되었다. 그는 조나라 혜문왕과 효성왕 2대에 걸쳐 세 번이나 재상에 올랐다.

〈평원군열전〉은 주로 구체적인 사건들이 묘사되어 있었다. 식객 모수가 스스로를 추천하는 모수자천毛遂自薦과 모수가 위험 속에서도 두려움 없이 초나라 왕을 설득하는 두 사건은 매우 사실적으로 그려져 있다. 특히 모수와 평원군 사이에 전개되는 이야기가 대단히 인상적이다. 평원군 집에 모수가 머문 지 몇 년이 지났건만 모수는 특별히 평원군의 눈에 띄는 인물이 아니었다. 일반적으로 본다면, 모수는 그저 평범한 인물이었다는 얘기다. 평원군 역시 모수가 휘하에 몇 년이나 있었으면서도 단 한 번도 능력을 발휘한 적이 없었으니 유능한 인물이 아니라고 평가절하했다.

그러나 모수에게서 뜻밖의 날카로운 반문이 터졌다. 바로 "당신은 언제 나를 당신의 주머니에 들어가게 해주었는가?"라는 질문이었다. 자신은 날카로운 송곳으로서 만약 평원군이 주머니 속에 들어가게만 해줬더라면 그 날카로움으로써 반드시 주머니를 뚫고 나왔을 것이지만, 애초부터 평원군이 주머니에 들어갈 기회조차 주지 않았으니 뚫고 나올 기회도 전혀 없었다는 것이다.

모수의 자부심대로 평원군은 모수에게 동행하도록 허락했고, 모수는 한 번 기회를 잡자 그 기회에 자신의 뛰어난 능력을 발휘하여 커다란 공을 세웠다. 평원군이 미처 인물을 알아보지 못했던 것이다. 하지만 평원군이 자신의 실수를 인정하는 넓은 아량을 갖춘 인물이었기에 비록 늦기는 했지만 모수와 같은 유능한 인재를 알아보고 기꺼이 기회를 줄 수 있었다는 점도 알아 둘 필요가 있다. 평원군이 자기 고집대로 모수를 하찮게 봤다면 모수의 유능함도 결코 드러날 수 없었을 것이고, 당연히 평원군의 이름도 후세에 빛나지 못했을 것이다.

인재를 알아보기는 어렵지만 자신의 실수를 인정하기는 더욱 어렵다.

사람들이
당신을 떠나가는 이유

조나라 공자인 평원군의 집은 백성들의 집들과 이어져 있었는데 부근에 다리를 저는 사람이 살고 있었다. 그는 항상 다리를 절면서 직접 물을 길어다 먹었다. 그러던 어느 날 평원군의 애첩이 절름거리며 물을 긷는 그의 모습을 보고 깔깔대며 크게 웃었다. 다음 날 그 사람이 평원군을 찾아와 말했다.

"저는 공자께서 선비들을 귀하게 대접하신다고 들었습니다. 선비들이 지금 천 리를 멀다 않고 공자를 찾아오는 것은 공자께서 선비들을 잘 대접하시고 첩 따위는 천하게 생각하시기 때문입니다. 그런데 공자의 첩이 제가 다리 저는 모습을 보고 비웃어 댔습니다. 저를 비웃은 그 첩을 당장 내쫓아 주십시오."

평원군은 웃으면서 "알았소." 하고 대답했다.

그러나 그 사람이 돌아가자 평원군은 곧바로 얼굴색을 바꿨다.

"어린 녀석이 한번 웃었다고 내쫓으라니 말도 안 되지!"

그러면서 아랑곳하지 않았다. 그렇게 1년이 지나자 평원군 집에 머물던 손님과 부하들이 하나둘 떠나더니 마침내 절반 이상이 없어지게 되었다. 평원군이 이상하게 생각하여 남아 있던 식객에게 물었다.

"나는 여러분을 대접하는 데 별로 모자람이 없었다고 생각하고 있었소. 그런데 이렇게 떠나가는 분이 많은 것은 어떻게 된 일이오?"

그러자 그 사람이 대답했다.

"공자께서 지난번 절름발이를 비웃었던 첩을 내쫓으시지 않았기 때문에 자기 여자만 사랑할 뿐 선비를 천하게 여기시는 분이라고 생각하여 모두들 떠나가는 것입니다."

평원군은 곧바로 절름발이를 비웃었던 애첩을 내쫓고 몸소 절름발이를 찾아가 미안하다고 사과했다. 이 소문이 퍼지자 그의 집은 다시 손님들로 넘치게 되었다.

주머니 속의
송곳

이 무렵 진나라가 조나라 도읍 한단을 포위했다. 조나라 왕은

전국시대 조나라 공자 평원군

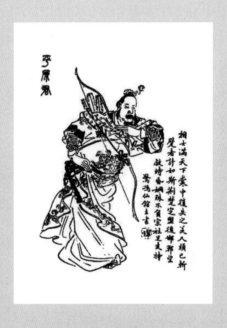

평원군을 초나라에 보내 도움을 청하고 아울러 초나라와 힘을 합하여 진나라에 맞서고자 했다. 이에 평원군은 자기가 데리고 있는 식객 중에 학문이 깊고 용감한 스무 명을 뽑아서 함께 가려고 했다.

평원군이 말했다.

"만약 좋은 말로 해서 임무를 이뤄 낼 수 있다면 매우 좋은 일이다. 그러지 못할 경우에는 궁궐의 많은 사람 앞에서 초나라 왕을 윽박지르는 한이 있더라도 반드시 약속을 받아 내겠다. 같이 갈 사람은 따로 구하지 않고 내 집에 있는 식객 중에서 뽑아도 충분하다."

그래서 열아홉 명까지는 어렵지 않게 뽑았다. 그런데 나머지 한 명을 쉽게 구할 수 없어 아직 스무 명을 채우지 못하고 있었다. 이때 식객 중 모수毛遂라는 사람이 앞으로 나오더니 평원군에게 스스로 자기가 딱 들어맞는 인물이라고 말했다.* 🦜 이렇듯 모수라는 사람이 스스로 자기를 추천한 일에서 모수자천毛遂自薦이라는 말이 나왔다.

"지금 공자께서는 스무 명을 뽑아 함께 가시려는데 한 사람이 모자라니 저도 함께 가게 해주십시오."

평원군이 "허허!" 웃으며 모수에게 물었다.

"당신이 내 집에 온 지 몇 해나 되었소?"

"이제 3년이 되었습니다."

모수가 대답하자 평원군이 말했다.

"현명한 사람은 마치 주머니 속의 송곳과 같아서 송곳 끝이 주머니를 뚫고 나오듯 금방 세상에 알려지는 법이오. 그런데 그대는 내 집에 3년이나 있었소.* 하지만 한 번도 다른 🦜 '주머니 속의 송곳'을 낭중지추囊中之錐라고 한다.

선비들이 당신을 칭찬한 적이 없었고 나 역시 그대에 대한 말을 들어 본 적이 없었소. 그것은 곧 당신에게 별다른 재주가 없다는 사실을 말하는 것이라 생각되오. 그러니 이번에는 같이 갈 수가 없소. 그냥 집에 남으시오."

그러자 모수가 태연하게 대답했다.

"저는 오늘에야 비로소 주머니 속에 넣어 달라고 말하는 것입니다. 만약 제가 주머니 속에 있었더라면 송곳 끝이 나올 정도에 그치지 않았겠지요. 아예 송곳 자루가 주머니를 뚫고 밖으로 나왔을 것입니다."

말문이 막힌 평원군은 결국 모수와 함께 가게 되었다. 이때 먼저 뽑힌 나머지 열아홉 명은 입 밖으로 말하지 않았을 뿐 서로 눈짓으로 모수를 비웃었다. 하지만 이들 일행은 초나라에 도착할 때까지 많은 토론을 벌이면서 모두 모수가 뛰어난 인물이라고 인정하게 되었다.

세 치 혀가
백만 대군보다 강하다

초나라에 도착한 평원군은 왕을 만났다. 그러나 초나라 왕과 의견을 나누었지만 반나절이 지나도록 결론을 내리지 못했다. 그러자 열아홉 식객 모두 모수에게 권했다.

"선생께서 가보시오."

모수는 곧바로 칼을 움켜잡고 한걸음에 계단 위로 뛰어올라가 평원 군에게 말했다.

"동맹이란 두 마디면 결정될 일입니다. 해 뜰 때 시작하여 해가 중 천에 떠 있는데도 결정을 하지 못하다니 도대체 무슨 문제가 있다는 말입니까?"

이 모습을 본 초나라 왕이 얼굴을 찡그리며 평원군에게 물었다.

"저자가 도대체 누구요?"

"제 식객으로 있는 모수라는 사람입니다."

평원군이 대답하자 초나라 왕은 모수를 꾸짖었다.

"왜 아직 내려가지 않는가! 내가 네 주인과 회담을 하는데 너는 지 금 여기서 무슨 짓을 하는 것인가!"

그러나 모수는 칼자루를 손에 잡고 몇 걸음 더 앞으로 나가 외쳤다.

"대왕께서 저를 꾸짖을 수 있는 것은 초나라 사람이 많은 것을 믿기 때문입니다. 그러나 지금 이 순간은 저와 대왕의 거리가 열 걸음도 채 안 되지요. 대왕의 목숨이 제 손에 달려 있을 뿐 초나라 사람이 아무리 많아도 소용이 없습니다. 더구나 우리 주인께서 앞에 계신데 어떻게 저를 꾸짖을 수 있으신지요?

지금 초나라 땅은 사방이 5000리가 넘고 창을 잡은 군사가 100만 이나 됩니다. 이는 천하의 우두머리가 될 수 있는 매우 좋은 조건입니 다. 이렇게 강한 힘에 맞설 군대는 이 세상 어디에도 없습니다. 그런데 도 진나라 장군 한 사람이 군사를 수만 명 이끌고 초나라를 한 번 공격하여 언과 영의 땅을 점령했습니다. 그리고 두 번째 공격하여 이릉을 불살랐으며 세 번째 공격으로는 초나라 종묘를 욕보였지요. 이것이야말로 초나라로서는 영원히 씻지 못할 부끄러운 일입니다. 옆 나라인 우리 조나라조차 부끄럽게 생각할 정도지요. 그런데도 대왕께서는 오히려 그 부끄러움을 모르십니다. 지금 동맹을 맺고자 함은 초나라를 위한 것이지 조나라를 위한 것이 아닙니다."

모수의 말을 듣고 있던 초나라 왕은 고개를 끄덕이며 말했다.

"맞소! 맞소! 확실히 선생의 말씀이 옳소. 내 모든 힘을 바쳐 조나라와 힘을 합해 진나라에 맞서리다!"

"이제 결정하신 것입니까?"

모수가 묻자 초나라 왕은 그렇게 하겠다고 대답했다. 모수는 초나라 왕을 모시는 사람에게 명령했다.

"닭과 개와 말의 피를 가져오시오!"(고대에 국가 간에 동맹을 맺을 때 황제는 소와 말, 제후는 개와 돼지, 재상 아래의 관리는 닭의 피를 사용했다.)

모수는 두 손으로 그 피를 담은 구리 쟁반을 받친 채 무릎을 꿇고 초나라 왕에게 올리며 말했다.

"대왕께서 먼저 피를 한 모금 드시고 동맹을 맺었다는 사실을 이 자리에서 분명히 보여 주십시오. 그다음에는 우리 주인 어르신 그리고 그다음에는 제가 마시겠습니다!"

이렇게 하여 마침내 초나라의 궁궐에서 약속이 맺어졌다. 모수는 왼손에 구리 쟁반을 들고 오른손으로 열아홉 명을 손짓해 불렀다.

"그대들도 계단 아래에서 쟁반의 피를 마시도록 하시오. 그대들은 특별한 재주 없이 그저 평범하지만 그래도 어쨌든 함께 일을 이룬 셈이니, 이것이야말로 남의 힘을 빌려 자기가 할 일을 이뤄 낸 것이오."

평원군은 초나라와 동맹을 이뤄 낸 후 조나라로 돌아와 크게 탄식하면서 말했다.

"이제 다시 내가 선비들을 알아볼 수 있다고 말하지 않겠다! 나는 지금까지 선비를 수천 명 만나 보았다. 그러면서 스스로 이 세상의 뛰어난 인재를 한 명도 놓치지 않았다고 생각해 왔다. 그러나 모수 선생은 내가 완전히 몰라봤다. 모수 선생은 오로지 세 치 혀만 가지고 백만 대군보다도 더 큰 힘을 보여 주었다!"

6

어떤 생각을
하느냐가
가장 중요하다

《사기》의 저자 사마천의 탁월함은 단연 비범한 사건을 들어 비범한 인물을 묘사하는 데에 있다. 본문에서도 이러한 특색이 일관되게 드러난다. 특히 최강대국 진나라에 혼자 들어가서 중국 역사상 가장 잔인한 인물로 평가되는 진시황 앞에서도 눈썹 하나 까딱하지 않고 용기 있게 맞선 인상여藺相如의 모습은 참으로 놀랍기만 하다.

그런데 그토록 용기 있는 인상여가 염파廉頗 장군만 만나면 어떻게든 피하려는 겁 많은 태도를 보이는 모습은 이해하기 어려운 기이한 장면이다. 심지어 평생 인상여를 모시고 따르던 부하들까지도 그를 비난하면서 곁에서 떠나려고 했다. 하지만 그것은 결코 겁이 많아서가 아니었다. 염파 장군은 인상여가 전쟁에서 공을 한 번도 세우지 않고 그저 세 치 혀만 놀려서 자기보다 높은 벼슬에 있는 것을 매우 못마땅하게 여기고 있었다. 언젠가 인상여를 만나기만 하면 반드시 단단히 혼을 내겠다고 속으로 다짐하고 있던 터였다.

반면, 인상여는 염파 장군이 성미가 급하고 약점이 많기는 하지만, 명장 중 명장이고 조나라를 강대국으로 만들기 위해서는 염파 장군이 반드시 필요하다고 생각했다. 그랬기에 어떻게든 충돌을 피하여 염파 장군의 마음을 건들지 않았고, 그렇게 함으로써 염파 장군을 지키고자 했던 것이다. 나중에 자초지종을 알게 된 염파 장군이 자기 잘못을 솔직히 인정하고 죄를 청하는 모습 역시 감동적이다.

본문에서 소개하는 글은 조나라 장군 염파와 조나라 중신 인상여의 이야기를 합한 것이다. 그러나 그것은 단지 염파와 인상여만의 이야기에 그치지 않는다. 명장 조사 부자와 이목 장군도 주요 인물로 소개한다.

한편 여기에서 소개되는 다양한 인물은 서로 밀접하게 결합되어 있고 앞뒤로 연결되어 있다. 염파 한 사람의 이야기가 전체적으로 이어지는 가운데, 다른 인물들의 이야기가 자연스럽게 이어지며, 연결되는 듯하다 떨어지고 끊어질 듯하다 다시 합쳐진다. 그러나 전체 이야기에는 일관된 흐름이 있다.

완벽,
온전히 돌아온 구슬

염파廉頗는 조나라의 뛰어난 장군이다. 그는 조나라 혜문왕 36년에 제나라를 크게 무찌르고 상경이라는 높은 벼슬에 올랐다. 특히 그의 드높은 용기는 각국 제후들에게 널리 알려져 있었다. 한편 인상여藺相如라는 사람은 역시 조나라 사람으로 목현이라는 대신의 집에 있던 식객이었다.

이 무렵 조나라 왕은 초나라의 유명한 구슬인 '화씨벽和氏璧'을 손에 넣게 되었다. 조나라 왕이 '화씨벽'을 가지고 있다는 소문은 진나라까지 퍼졌다. 그러자 진나라 소왕이 사신을 보내 그 구슬을 성 열다섯 개와 바꾸자고 제안했다. 조나라 왕은 대장군 염파를 비롯하여 신하들을 모아 놓고 의논했지만 쉽사리 결론이 나지 않았다. 화씨의 구슬을 진나라에 줘도 진나라가 성을 주지 않을 것이고, 구슬을 주지 않으면 진나라가 곧 쳐들어올까 두려웠다. 어떻게 할지 도무지 결정이 나지 않았다. 또한 진나라에 회답을 전해 줄 사람을 찾아봐도 마땅한 인물이 없었다.

이때 목현이 나서서 말했다.

"신의 식객 중 인상여라는 인물이 있는데 그 사람이라면 이번 일을 맡겨 볼 만합니다."

"대체 그가 어떤 사람이오?"

왕이 물었다. 그러자 목현이 대답했다.

"신이 전에 죄를 짓고 위험한 처지에 빠진 적이 있었습니다. 그때 인상여가 차분하게 방법을 알려주어 무사히 넘어갔습니다. 인상여는 참으로 지혜가 뛰어난 인물입니다."

왕은 곧바로 인상여를 불러들였다.

"진나라가 열다섯 개 성과 '화씨벽'을 바꾸자고 제안해 왔소. 그대 생각엔 어떻게 하면 좋겠소?"

인상여는 자세를 고쳐 앉으며 대답했다.

"상대는 강대국 진나라입니다. 들어줄 수밖에 없을 듯합니다."

그 말을 들은 왕이 기가 꺾인 목소리로 물었다.

"그렇지만 구슬만 뺏기고 땅은 얻지 못한다면 모든 세상 사람이 비웃게 되지 않겠소?"

인상여가 다시 대답했다.

"진나라는 성과 구슬을 바꾸자는 제안을 해왔습니다. 그러므로 구슬을 주지 않고 제안을 받아들이지 않으면 그 잘못이 우리에게 옵니다. 하지만 구슬만 받고 땅을 주지 않는다면 잘못은 진나라 쪽으로 갑니다. 차라리 제안을 받아들여 모든 비난을 진나라가 뒤집어쓰도록 하는 편이 낫습니다."

그러자 왕이 물었다.

"그렇다면 과연 누구를 사신으로 보내는 것이 좋겠소?"

인상여가 지그시 눈을 감고 대답했다.

"달리 가실 분이 없다면 제가 구슬을 가지고 가겠습니다. 성을 받게 된다면 구슬을 놓고 오겠습니다만, 그렇지 않을 때는 어떻게든 구슬을 온전하게 지니고 돌아오겠습니다. 안심하고 기다려 주십시오."

홀로 호랑이 굴에 들어가다

인상여는 구슬을 가지고 진나라로 가서 진나라 왕을 만났다. 인상여가 구슬을 바치자 진나라 왕은 미소를 띤 채 옆에 있는 후궁들과 신하들에게 차례로 보여 주었다. 그러자 모두 만세를 불렀다. 하지만 진나라 왕은 열다섯 개 성에 대해서는 역시 한마디도 하지 않았다. 인상여는 왕이 성을 줄 생각이 없음을 알아채고 앞으로 나아가 왕에게 말했다.

"사실 그 구슬에는 흠이 있습니다. 제가 그것을 가르쳐 드리겠습니다."

왕이 구슬을 다시 인상여에게 주는 순간, 그는 갑자기 뒤로 물러서더니 기둥에 기대 섰다. 그가 얼마나 크게 화를 냈는지 머리털이 치솟아 올라 쓰고 있던 관이 움직일 정도였다.

"대왕은 구슬을 얻을 욕심으로 조나라에 사신을 보냈습니다. 조나라 왕이 신하들과 의논했지요. 모든 대신이 진나라는 욕심이 많은 나라이고 억지만 쓰며 땅을 준다는 것도 거짓말이라 했습니다. 그래서 결국 진나라에 구슬을 주지 않기로 결정했지요.

그렇지만 저는 이에 반대했습니다. 저는 백성들 간의 약속도 서로 속일 수 없는데, 나라 간의 약속은 반드시 지켜야 한다고 말했습니다. 이 화씨벽 하나 때문에 진나라와 관계를 해칠 수는 없다고 말이죠. 그래서 조나라 왕은 정중하게 저에게 구슬을 주고 조정에서 엄숙하게 의식을 치렀지요. 왜 그렇게 했겠습니까? 이는 당신들 진나라를 정중한 예의로 존중한다는 뜻이며, 또한 두 나라 간의 관계를 튼튼하게 만들고자 했던 것입니다.

그런데 제가 진나라에 오자 대왕께서는 좋지 않은 숙소를 저에게 주시고 손님을 대하는 태도가 매우 오만했습니다. 지금 저는 대왕께서 성을 떼어 줄 생각이 없다는 것을 알아챘기 때문에 구슬을 다시 가져왔습니다. 만약 대왕께서 강제로 빼앗으려 한다면 저는 당장 기둥에 구슬과 함께 머리를 부딪칠 것입니다."

인상여는 구슬을 치켜들고 두 눈으로 기둥을 노려보았다. 마치 당장이라도 기둥에 부딪칠 듯한 기세였다. 진나라 왕은 인상여가 정말 구슬을 깨뜨릴까 두려워 급히 그에게 사과하고 제발 그렇게 하지 말라고 부탁했다. 그는 관리를 불러 지도를 펼쳐 보게 한 뒤 손으로 열다섯 개 성을 가리키면서 그것을 조나라에 떼어 주겠다고 말했다. 그러나 인상여는 그 말 또한 거짓이며 조나라는 그 땅을 받지 못하게 될 것임을 알고 있었다. 그래서 진나라 왕에게 말했다.

"화씨벽은 보물 중의 보물입니다. 저희 왕께서도 이 구슬을 보내실 때 닷새 동안 예의를 갖추셨습니다. 그러므로 대왕께서도 이 구슬을 받으실 때까지 며칠 동안 궁전에서 엄숙한 예의를 갖추신다면 그때 제가 비로소 구슬을 바치겠습니다."

도저히 구슬을 강제로 빼앗을 수 없다고 생각한 진나라 왕은 곧 인상여를 좋은 숙소로 옮겨 머물게 했다. 인상여는 왕이 비록 대답은 했지만 여전히 약속을 지키지 않고 성을 주지 않을 것이라고 생각했다. 그래서 부하에게 허름한 옷을 입혀 일반 백성처럼 꾸민 뒤 구슬을 품속에 숨겨서 조나라로 달아나게 했다. 그래서 구슬은 마침내 온전하게 조나라로 돌아가게 되었다.* 진나라 왕은 정중하게 예우를 갖춰 사람을 보내 인상여를 불렀다. 인상여가 궁궐에 도착하여 왕에게 말했다.

'완전하다'는 뜻의 완벽完璧이라는 말은 원래 '구슬을 온전하게 하다'라는 의미로, 인상여가 구슬을 온전하게 가져왔다는 이야기에서 비롯되었다.

"진나라에서 지금까지 약속을 분명히 지킨 군주는 한 사람도 없었

구슬을 온전히 조나라로 가지고 온 인상여
—

지요. 그래서 저는 대왕께 속임수를 당하고 조나라 왕의 부탁을 지키지 못할까 두려워 이미 사람을 시켜 구슬을 가지고 몰래 조나라로 돌아가게 했습니다. 지금 진나라는 강하고 조나라는 약합니다. 대왕께서 단지 사자를 한 사람 보내자 조나라는 곧바로 저를 보내 구슬을 진나라에 바치게 했습니다. 지금 진나라는 천하의 강대국입니다. 만약 먼저 열다섯 개 성을 조나라에 준다면 조나라가 어떻게 화씨벽을 내놓지 않고 대왕의 노여움을 사겠습니까? 제가 대왕을 속인 죄는 죽어 마땅한 줄 압니다. 저는 사형이라도 기꺼이 받겠습니다만 대왕께서는 이 문제를 다시 한 번 신하들과 의논해 주시기 바랍니다."

진나라 왕과 신하들은 서로 쳐다보며 분노하고 탄식했다. 당장 인상여를 끌어내려는 신하도 있었지만, 왕이 말렸다.

"지금 그를 죽인다고 해서 구슬을 얻을 수는 없다. 오히려 조나라와 관계만 좋지 않게 되니 차라리 그를 잘 대접하여 조나라로 돌려보내는 것이 낫지 않을까 생각한다. 조나라 왕이 화씨벽 하나 때문에 진나라를 속이겠는가?"

결국 진나라 왕은 의식을 갖춰 인상여를 만났고, 의식이 끝나자 인상여를 조나라에 돌려보냈다.

인상여가 돌아오자 조나라 왕은 외국에 나가 맡은 일을 끝까지 이뤄 낸 공을 크게 칭찬하고 상대부라는 높은 벼슬을 내렸다. 물론 진나라는 성을 넘겨주지 않았으며 조나라도 구슬을 보내지 않았다. 그 뒤 진나라는 조나라를 공격하여 크게 이겼고, 이듬해 다시 공격해 2만 군사를 죽였다. 그러면서 진나라 왕은 사신을 조나라에 보내 조나라와 서로 친하게 지내고 싶다며 국경 지방에서 회담을 하자고 제안했다. 조나라 왕은 너무 겁이 나서 가고 싶지 않았지만, 염파와 인상여가 가는 것이 좋겠다고 권했다.

"만약 가시지 않으면 조나라가 약하고 비겁하다는 것을 온 세상에 보여 주는 것밖에 안 됩니다."

결국 조나라 왕은 회담에 나가기로 약속했고 인상여가 함께 따라갔다. 술자리가 한참 흥이 오르자 진나라 왕이 말했다.

"대왕께서 음악을 좋아하신다고 들었습니다. 한번 거문고를 들려주실 수 있겠습니까?"

조나라 왕은 아무 생각 없이 거문고를 켰다. 그러자 진나라 관리가 "진나라 왕은 조나라 왕과 만나 술을 마시며 조나라 왕에게 거문고를 연주하도록 명령했다."라고 기록했다. 이때 인상여가 진나라 왕에게 말했다.

"진나라 왕께서는 진나라 음악에 뛰어나다고 들었습니다. 바라옵건대 질장구를 울려 서로 즐겼으면 합니다."

그러자 진나라 왕은 몹시 화를 냈다. 인상여가 질장구를 받쳐 들고 앞으로 나가 무릎을 꿇으며 진나라 왕에게 청했지만 진나라 왕은 여전히 받아들이지 않았다.

"대왕과 제 거리는 단지 다섯 자밖에 안 됩니다. 제 목을 찔러 대왕을 피로 물들일 수도 있지요."

인상여가 진나라 왕에게 으름장을 놓자 그 옆에 있던 신하들이 인상여를 칼로 내리치려 했다. 그러나 인상여가 눈을 크게 부릅뜨고 호통을 치니 모두 크게 놀라 뒤로 물러섰다. 진나라 왕은 마지못해 질장구를 한 번 건드렸다. 인상여는 뒤에 있던 조나라의 관리를 불러 "진나라 왕은 조나라 왕을 위해 질장구를 쳤다."라고 기록하게 했다.

또 진나라 신하들이 "조나라가 열다섯 개 성을 바쳐 진나라를 축복해 주었으면 하오."라면서 시비를 걸었다. 그러자 인상여는 곧바로 "당신 나라야말로 함양성을 바쳐 조나라 왕에게 존경의 뜻을 보여 주시오."라고 대꾸했다.

내가 구태여 장군을 피하는 까닭은?

이 만남이 끝나고 궁궐로 돌아온 조나라 왕은 인상여의 공로가 매우 크다면서 벼슬을 다시 올려 주었다. 인상여는 상경 자리에 올라 이제 염파 장군의 윗자리에 있게 되었다. 그러자 염파는 불만을 많이 가지게 되었다.

"나는 조나라의 장군으로서 수많은 전쟁터에서 목숨을 걸고 공로를 세웠다. 이제 인상여가 겨우 세 치 혀만 놀려 조그마한 공을 세웠다고 나보다 높은 벼슬자리에 앉게 되다니! 더구나 그는 원래 천한 평민이었을 뿐이다. 내가 도저히 그의 밑에 있을 수는 없다!"

그러고는 주먹을 불끈 쥐면서 맹세했다.

"내가 인상여를 만나기만 하면 반드시 본때를 보이겠노라!"

이 소식을 들은 인상여는 염파와 마주치기를 대단히 꺼렸다. 조정에 나가야 할 때도 염파가 나오는 날에는 병을 핑계로 나가지 않았다. 그리고 벼슬의 높고 낮은 문제 때문에 염파와 시비가 벌어질까 걱정하면서 항상 피했다. 어느 날인가도 인상여가 밖에 나갔다가 멀리서 염파가 오는 것을 보고는 재빨리 마차를 돌려 피했다. 그러자 인상여의 식객들은 모두 인상여에게 따졌다.

"저희가 고향을 떠나 대감께 와 있는 까닭은 오직 높으신 인품을 존경하기 때문입니다. 지금 대감께서는 염 장군을 그렇게 피하시기만 하니 겁이 너무 많은 것 아닙니까? 그런 행동은 일반 백성조차도 부끄럽게 여기는 것입니다. 이제 저희는 모두 그만 고향으로 물러갈까 합니다."

인상여는 그들을 말리며 물었다.

"그대들은 염파 장군과 진나라 왕 중 누가 더 무서운 사람이라고 생각하는가?"

"물론 진나라 왕이 더 무섭지요."

그러자 인상여는 이렇게 말했다.

"그렇게 무서운 진나라 왕을 나는 눈앞에서 꾸짖고 그의 신하들에게 크게 모욕을 주었다. 내가 아무리 모자란 사람이라 해도 어떻게 염

장군 한 사람을 무서워하겠는가? 다만 지금 강대한 진나라가 조나라를 공격하지 못하는 것은 바로 우리 두 사람이 이 나라에 있기 때문이다. 만일 우리 두 호랑이가 싸우게 되면 누군가는 반드시 피를 흘려야 한다. 내가 모욕을 참고 피하는 것은 어디까지나 나라가 앞이고 개인의 은혜와 원한은 뒤이기 때문이다."

당시 잘못을 저질렀을 때 그것을 사과하며 대신 때려 달라는 뜻으로 웃통을 벗는 풍속이 있었다. 염파는 인상여의 말을 전해 듣고는 웃통을 벗고 가시 회초리를 짊어진 채 사람들의 부축을 받으며 인상여의 집에 가서 사죄했다.*

"나는 아는 것이 없고 천한 사람이오. 당신께서 그토록 생각이 깊으신 줄 미처 깨닫지 못했습니다."

*'회초리를 지고 죄를 청한' 이 일에서 부형청죄負荊請罪라는 고사성어가 나왔다. '자신의 죄를 인정하고 처벌을 바란다'라는 뜻으로 쓰인다.

그 뒤 두 사람은 서로 친해져 목이 떨어져도 변치 않을 친구*가 되었다.

*이런 친구 사이를 문경교우刎頸交友라 한다.

전쟁의 명수 조사 장군

이해에 염파는 제나라를 공격하여 깨뜨렸으며 2년 뒤에 또다시 제나라 땅을 빼앗았다. 또 3년 후에는 위나라의 방릉과 안양 지방을 공격하여 승리를 거두었고 4년 후에는 인상여가 장군이 되어 제나라의 평읍 지방을 점령했다. 그리고 다음 해에는 조사 장군이 진나라 군대를 크게 무찔렀다.

조사는 원래 세금을 거두던 하급 관리였다. 한번은 평원군의 집에서 세금을 바치지 않자 조사가 법을 엄격하게 적용하여 평원군 집의 관리 책임자 아홉 명을 죽였다. 평원군은 몹시 화가 나서 조사를 죽이려 했다. 그러나 조사는 얼굴색 하나 변하지 않고 또박또박 말했다.

"공자께서는 조나라의 귀하신 분이십니다. 만일 공자의 집에서 세금을 내지 않는 것을 그대로 둔다면 이는 곧 나라의 법을 지키지 않는 것입니다. 그렇게 되면 나라가 약해지는 것이지요. 나라가 약해지면 곧 다른 나라의 침략을 불러오게 되고 침략을 받게 되면 나라가 멸망하고 맙니다. 그때가 되면 공자께서는 어떻게 재산을 지키실 수 있습니까? 거꾸로 공자와 같이 높으신 분이 나라의 법을 지키게 되면 곧 모든 백성이 하나가 됩니다. 하나가 되면 곧 나라가 강해지며, 나라가 강해지면 조씨 집안의 지위도 튼튼해집니다. 공자께서는 왕의 친족으로서 모든 사람의 무시를 받아야 하시겠는지요?"

이 말을 들은 평원군은 조사가 정직하면서도 도리에 밝은 사람이라고 생각하여 왕에게 추천했다. 왕은 그를 재정과 조세를 담당하는 관리로 임명했다. 과연 그는 전국의 조세를 솜씨 좋게 관리하여 백성들이 부유해지고 나라도 부강해졌다.

그 무렵 진나라가 한나라를 공격한 뒤 조나라 국경 지대인 알여에 머물렀다. 왕은 조사를 장군으로 삼아 진나라에 맞섰다. 도성을 떠나 30리쯤 갔을 때, 조사 장군이 병사들에게 명령을 내렸다.

"나에게 다른 말을 하는 사람이 있으면 그게 누구든 사형에 처할 것이다!"

진나라 군사는 성의 서쪽에 진을 치고서 큰북을 두드리고 함성을 지르며 전투 준비를 했다. 그 기세가 얼마나 대단했는지 성의 기왓장이 모조리 흔들릴 정도였다. 이때 조나라의 한 보초병이 빨리 공격해서 성을 돕자고 말하자, 조사는 그 자리에서 그 병사의 목을 베었다. 그리고 28일 동안이나 머물며 전진하지 않고서 오직 성벽만 튼튼하게 쌓았다. 진나라에서 보낸 첩자가 조나라 진영에 몰래 들어왔다. 하지만 조사는 그것을 눈치채고도 오히려 첩자에게 좋은 음식을 잘 대접해서 돌려보냈다. 첩자가 돌아가 진나라 장군에게 알리자, 진나라 장군은 크게 기뻐했다.

"도성에서 단지 30리밖에 안 되는 곳에 머무르면서 오직 성만 쌓고 있으니, 알여는 이제 더는 조나라 땅이 아니다."

그러나 조사는 진나라 첩자를 돌려보낸 뒤 곧바로 병사들에게 명령을 내렸다. 그러고는 갑옷을 벗고 빠른 속도로 진격하게 하자 이틀이 지나지 않아 벌써 알여에 도착했다. 조사는 활을 잘 쏘는 병사들로 하여금 알여에서 50리 떨어진 곳에 진을 치게 했다. 진나라 병사들이 이 소식을 듣고 모두 몰려들었다. 이때 조나라의 군사참모인 허력이 할 말이 있다고 하자, 조사는 그를 불러들였다. 허력이 말했다.

"진나라는 조나라 병사들이 갑자기 진격하리라고는 생각하지 못했기 때문에 몹시 화가 나서 맹렬한 기세로 쳐들어올 것입니다. 장군께서는 병력을 한데 모아 진지를 두껍게 하고 기다리셔야 할 것입니다. 그러지 않으면 반드시 패할 것입니다."

"그대의 말을 받아들이겠다."

조사가 이렇게 말하자 허력은 무릎을 꿇고서 말했다.

"저를 사형에 처하십시오."

"그 일은 나중에 도성에 돌아가서 다시 이야기할 것이다!"

조사는 이렇게 대답할 뿐이었다. 허력은 말할 것이 또 있다면서 이야기를 계속했다.

"먼저 알여의 북쪽 산을 점령하는 쪽이 반드시 이길 것이고, 나중에 가는 쪽은 반드시 패배할 것입니다."

조사는 고개를 끄덕이고 곧바로 군사를 1만 명 보내 재빨리 북쪽 산을 차지하도록 했다. 진나라 군사들이 나중에 달려와 산꼭대기에 오르려 했으나 끝내 올라가지 못했다. 이때 조사가 병사들을 지휘하여 공격하자 진나라 군대는 크게 패하게 되었다. 진나라 군대는 뿔뿔이 흩어져 달아나기 바빴다. 알여에 대한 포위망도 마침내 풀려 조나라는 큰 승리를 거두고 돌아왔다. 조나라 왕은 조사에게 염파, 인상여와 같은 벼슬을 내렸고, 좋은 건의를 했던 허력에게도 높은 벼슬을 내렸다.

종이 위에서
전쟁을 말하다

그로부터 4년이 지나 조나라 왕이 죽고 그의 아들이 왕위를 이어받았다. 7년 뒤 진나라와 조나라는 국경 지대 장평이라는 곳에서 다시 전쟁을 벌였다. 당시 조사는 이미 세상을 떠났고, 인상여 역시 병이 든 상태였다. 조나라는 염파를 장군으로 삼아 진나라를 막게 했다. 염파는 처음에 잇달아 패하자 성문을 굳게 닫고 나가 싸우려 하지 않았다. 진나라 군대가 매일 싸움을 걸어왔지만 염파는 계속 지키면서 수비만 할 뿐이었다. 마음이 급해진 진나라는 조나라에 첩자를 보내 헛소문을 퍼뜨렸다.

"진나라는 조나라의 염파에 대해서는 크게 걱정하지도 않는다. 오직 조사 장군의 아들 조괄이 장군이 되는 것을 두려워할 뿐이다!"

조나라 왕이 이 소문을 듣고서 곧바로 염파를 물러나게 하고 조괄을 장군으로 삼으려고 했다. 그러자 인상여가 말렸다.

"대왕께서 조괄의 이름만 들으시고 장군으로 삼으시려는 것은 거문고 줄을 풀로 붙여 거문고를 연주하는 것과 똑같습니다. 조괄은 겨우 자기 아버지가 남긴 병법책을 외울 수 있을 뿐입니다."

그러나 왕은 끝내 이 말을 듣지 않고 조괄을 장군으로 삼았다.

조괄은 어릴 적부터 병법을 공부했고, 언제나 스스로 자기가 가장 뛰어나다고 으스댔다. 한번은 그와 아버지 조사가 군사 문제에 대하여 토론한 적이 있었는데 조사도 그를 이기지 못했다. 하지만 조사는 아들이 뛰어나다고 생각하지 않았다. 조괄의 어머니가 그 이유를 묻자 조사는 이렇게 대답했다.

"전쟁이란 목숨을 거는 것이다. 그러나 조괄은 말로만 너무 쉽고 간단하게 결론을 낸다. 만약 앞으로 조괄이 장군이 된다면, 반드시 조나라를 패하게 만들 것이다!"

조괄의 어머니는 조괄이 염파 장군의 뒤를 이어 장군이 되었다는 소문을 듣고는 왕에게 편지를 올렸다.

제발 제 아들을 장군으로 삼지 마옵소서. 제 남편 조사와 제 아들 조괄은 아버지와 아들 사이지만 사람됨이 전혀 다릅니다. 제 남편은 음식을 나눠 먹는 친한 벗이 수십 명이며 벗으로 사귀는 사람이 수백 명이나 되었지요. 나라에서 받은 상금은 모두 군사에게 나눠 주었고 전쟁에 나갈 때면 집안일을 묻지 않았습니다. 그러나 아들 괄은 장군이 되자 나라에서 받은 상금도 혼자 차지해 땅을 사들이고 있지요. 도저히 제 아비를 따를 수 없을 듯합니다. 그러니 대왕께서는 아들에게 주신 장군 벼슬을 이제라도 거두어 주시기 바랍니다.

그러나 왕은 듣지 않았다.

"이미 결정된 일이니 돌이킬 수 없소."

그러자 조괄의 어머니가 말했다.

"기어이 제 아들을 장군으로 삼으신다면 아들이 실패하더라도 이 어미를 비난하지 마시기 바랍니다."

조괄은 염파 장군에게서 군대 지휘권을 받자마자 공격을 시작했다. 진나라 백기 장군은 거짓으로 패배한 척하고 후퇴했다. 그러고는 재빨리 조나라 군대의 옆구리를 기습하여 식량 나르는 길을 끊고 조나라 군대를 두 쪽으로 나누었다. 식량이 끊긴 지 46일째가 되자 조나라 성 안은 자기들끼리 서로 잡아먹는 지옥으로 변하게 되었다. 조나라 병사들은 여러 차례 탈출하려 했지만 계속 실패했다. 더 견디지 못한 조괄이 부하들을 이끌고 나아가 진나라 군대와 전투를 벌였지만 크게 패하고 말았다. 이 전투에서 조괄도 마침내 적의 화살에 맞아 죽었다. 결국 조나라 군대는 모두 항복하고 말았는데 그 수가 자그마치 40만 명을 넘었다. 40만이 넘는 포로를 바라보며 백기가 말했다.

"조나라의 포로들도 언제 배반할지 모른다. 모두 없애지 않으면 나중에 반드시 반란을 일으킬 것이다!"

그러고는 포로 40만 명을 모두 구덩이에 산 채로 묻어 버렸다. 40만 포로 중 살아남은 사람은 고작 어린아이 240명뿐이었다. 이로써 장평 싸움에서 조나라는 사상자를 무려 45만 명이나 내게 되었다.* 조나라 왕은 조괄의 어머니가 앞서 한 말 때문에 그녀를 죽이지는 않았다.

*조괄처럼 이론에만 밝을 뿐 실전에는 약한 것을 '종이쪽지 위에서 전쟁을 논한다'라는 뜻으로 지상담병紙上談兵이라 한다.

끝내 이루지 못한
마지막 꿈

　이듬해 진나라 군대는 마침내 조나라 수도를 포위했다. 조나라는 한 해 동안 멸망의 위기에 놓였으나 초나라와 위나라의 도움으로 가까스로 포위에서 벗어날 수 있었다.

　포위가 풀린 지 다섯 해 만에 연나라가 조나라로 쳐들어왔다. 조나라는 염파를 장군으로 삼아 반격하도록 했고 염파는 연나라 군대를 크게 이겼다. 그러자 조나라 왕은 염파의 벼슬을 높여 주었다. 6년 뒤에도 염파는 위나라를 공격하여 승리를 거두었다.

　그 뒤 조나라 왕이 죽었다. 뒤를 잇게 된 그 아들은 염파 대신 악승을 장군으로 삼았다. 이에 몹시 화가 난 염파가 악승을 죽이려 했고 악승은 도망을 쳤다. 염파 역시 위나라로 도망갔다.

　염파는 위나라에 오랫동안 머물렀지만 위나라는 그를 기용하지 않았다. 그런데 이때 계속 진나라에 패배하던 조나라 왕은 염파를 다시 장군으로 삼고자 했고, 염파 역시 다시 조나라에서 일하기를 원했다. 조나라 왕은 사자를 보내 염파를 다시 쓸 수 있을지 살펴보도록 했다. 이때 염파를 미워하던 한 사람이 그 사자에게 많은 돈을 주면서 꾀었다. 조나라 사자가 염파를 만났을 때, 염파는 아직 힘이 여전하다는 것을 보여 주고 싶었다. 그는 한 번 식사에 밥 한 말과 고기 열 근을 먹은 뒤, 갑옷을 입고 투구를 쓴 채 말에 뛰어올랐다. 그러나 사자는 귀국하여 왕에게 이렇게 아뢰었다.

"염장군은 늙었지만 아직 잘 드셨습니다. 하지만 저와 함께 있는 동안 갑자기 배가 아프다면서 세 번이나 설사를 했습니다."

이 말을 들은 왕은 염파가 너무 늙었다고 생각하여 끝내 그를 부르지 않았다.

초나라는 염파가 위나라에 있다는 것을 알고 몰래 사람을 보내 그를 불렀다. 염파는 초나라의 장군이 된 적도 있었지만 끝내 아무런 공을 세우지 못했다. 그는 자주 탄식했다.

"조나라 병사들을 지휘하고 싶구나!"

그는 초나라에서 세상을 떠났다.

7

마침내
갚은 원수

범저는 자신이 처한 대단히 어려운 환경에 굴하지 않고 결국 자신의 큰 뜻을 실현한 의지의 인물이다. 그는 조국에서 억울한 누명을 뒤집어쓰고 혈혈단신 타국 땅에 쫓겨 들어가, 힘센 신하들에게 완전히 둘러싸인 임금을 설득해 냈다. 그리하여 마침내 자신을 중용하게 만들고 나라의 최고 벼슬인 재상 자리에 오르는 데 성공한다. 그뿐만 아니라 진나라가 나중에 천하통일을 이루는 데에도 범저의 공이 작지 않다. 무엇보다도 이 과정에서 보여 주는 그의 탁월한 말솜씨와 정확한 논리는 오늘날 현실에서 갖가지 문제에 부딪히는 우리에게도 많은 도움이 될 훌륭한 본보기라고 할 것이다.

이 장은 주인공인 범저를 비롯하여 여러 주변인물에 이르기까지 모든 등장인물에 대한 묘사와 글의 구성에 생동감이 넘치며, 마치 기승전결이 잘 갖춰진 한 편의 소설과도 같다. 독자들은 어쩔 수 없이 이야기 속으로 빠질 수밖에 없다. 특히 주인공 범저가 억울하게 모함을 받아 초주검이 되도록 두들겨 맞고 멍석에 말린 채 죽음 직전까지 몰린 상황에서 기적적으로 벗어나는 과정은 참으로 인상적이다. 또한 그 뒤 차례대로 전개되는 복수 과정 역시 마치 지금 바로 우리 눈앞에 펼쳐지는 광경처럼 생생하게 묘사되고 있다.

참고로, 현재 국내에 출간되어 있는 《사기》 번역서는 대부분 '범저范雎'를 '범수'로 표기했다. 이것은 '저雎'와 '수雎'의 차이에서 비롯되는 문제다. 사전을 보면 '수雎'는 성姓에 쓰이고 인명에는 사용되지 않지만, '저雎'는 인명에 쓰이는 한자

라고 풀이되어 있다. 현재 중국에서 사용되는 각종 《사기》 해설서와 대부분 역

사서에서도 범저^{范雎}로 쓴다. 그리하여 이 글에서는 모두 범저로 표기했다.

누명을 쓰고
죽을 고비를 넘기다

범저는 위나라 사람이다. 그는 자기 능력을 펼치기 위하여 왕을 가까이에서 직접 모시고 싶어 했다. 그러나 왕궁까지 갈 여비조차 없을 정도로 가난했다. 그래서 우선 가까이 사는 수가라는 관리를 찾아가 그의 부하가 되었다.

그러던 어느 날 수가는 위나라 왕의 명령을 받고 제나라에 사신으로 가게 되었다. 이때 범저도 함께 따라갔다. 수가 일행은 제나라에 도착했으나, 몇 달이 지나도 제나라 왕에게서 아무런 소식이 오지 않아 오래 기다려야 했다.

한편 제나라의 양왕은 사신을 모시고 온 범저의 말솜씨가 매우 뛰어나다는 소문을 들어 알고 있었다. 그래서 금 열 냥과 소고기와 술을 범저에게 보냈다. 범저는 이 선물을 끝내 받지 않았다. 그러나 수가는 진나라가 범저에게 많은 선물을 주었다는 사실을 알고 몹시 화를 냈다. 수가는 범저가 위나라의 비밀을 팔아서 그 대가를 받았다고 생각했던 것이다.

그 후 위나라로 돌아온 수가는 그 사실을 위나라 재상에게 일러바쳤다. 재상은 크게 화를 냈다. 그리하여 범저를 붙잡아 초주검이 되도록 곤장을 때리고 갈비뼈와 이까지 부러뜨렸다. 거의 죽어 가던 범저는 아예 죽은 척했다. 사람들은 범저가 죽은 줄로만 알고 멍석에 둘둘 말아 변소에 던져 버렸다. 그리고 술 취한 사람들에게 멍석 위에다 소변을 보게 했다. 이렇게 해서 배반한 사람이 어떤 큰 벌을 받는지를 모두에게 알려 본보기를 보이려는 것이었다.

멍석에 말려 버려져 있던 범저는 자기를 감시하는 사람에게 간곡하게 부탁했다.

"나를 여기서 도망치게만 해주시면 큰돈을 드리겠습니다."

그 사람은 재상에게 가서 자기가 범저의 시체를 내다 버리겠다고 하고는 범저를 빼내 주었다. 정안평이란 사람이 범저의 어려운 처지를 불쌍하게 여겨 숨겨 주고 도망가게 해주었다. 범저는 숨어 살면서 이름도 장록으로 바꾸었다.

위나라를
빠져나가다

진나라 소왕이 위나라에 왕계를 사신으로 보냈다. 정안평은 진나라 사신이 묵는 숙소에 하인으로 들어가 왕계를 모시게 되었다. 그러던 어느 날 왕계가 이렇게 물었다.

"위나라에 우리 진나라로 데려갈 만한 훌륭한 선비가 있소?"

정안평은 '이때구나!' 싶어 나직이 말했다.

"장록이라는 선생이 계십니다. 그분은 대감님을 만나 세상 돌아가는 일을 얘기하고 싶어 하십니다. 하지만 그분을 노리는 나쁜 자들이 있어서 낮에는 다니시지 못합니다."

그러자 왕계는 밤에 만나겠다고 했다. 밤이 깊어지자 범저가 왕계를 찾아왔다. 이런저런 얘기를 나눠 본 왕계는 범저가 보통 인물이 아니라는 것을 금세 알아보고 이렇게 약속했다.

"선생, 내가 돌아갈 때 다시 뵙도록 합시다."

두 사람은 약속을 하고 헤어졌다. 그리고 왕계가 위나라를 떠날 때 범저를 만나 같이 수레에 타고 진나라로 들어갔다. 일행이 진나라 국경을 넘어 한참 가는데 저쪽에서 수레 행렬이 오고 있었다. 범저가 물었다.

"저기 오는 사람이 누구입니까?"

"진나라 재상 양후입니다. 지금 국경을 살펴보는 중입니다."

"양후라면 나라를 한 손에 쥐고서 다른 나라 사람이 진나라로 들어오는 것을 싫어한다고 들었는데 조심해야겠습니다. 저는 우선 수레 안에 숨어 있지요."

잠시 후 양후가 다가오더니 왕계에게 수고한다고 말하면서 수레를 멈추게 했다.

"별일은 없는가?"

그러자 왕계는 "예, 없습니다."라고 대답했다.

"혹시 다른 나라 사람과 함께 오지 않았는가? 그들은 나라를 어지럽힐 뿐 아무 도움도 되지 않는다네."

양후의 이 말에 왕계는 "제가 그런 일을 할 리가 있겠습니까?"라고 말했다. 양후는 그제야 고개를 끄덕이고 떠났다. 범저가 왕계에게 말했다.

"제가 듣기에 양후는 영리하지만 일처리가 늦다고 합니다. 지금도 수레 안에 사람이 있을 것이라고 의심하면서도 망설이다가 그냥 갔습니다. 그는 틀림없이 되돌아올 것입니다."

범저는 곧바로 수레에서 내려 도망치면서 말했다.

"그는 앞으로 반드시 크게 후회할 날이 있을 것이다!"

왕계의 수레가 10여 리쯤 더 갔을 때, 과연 양후는 기마병을 보내 수레 안을 샅샅이 뒤지게 했다. 그러나 범저가 벌써 도망친 뒤였으므로 그들은 허탕을 치고 돌아갔다. 범저는 마침내 왕계와 함께 진나라 도성에 갈 수 있었다. 왕계는 왕에게 위나라에 다녀왔다고 말하고 나서 범저를 소개했다.

"위나라에 장록 선생이 있는데 재주가 아주 뛰어납니다. 그는 우리 진나라가 계란을 겹쳐 쌓아 놓은 것처럼 위기에 놓여 있다고 얘기하더군요.* 하지만 자기가 진나라에서 일하게 된다면 안정되게 만들 수 있다고 합니다. 그래서 제가 장록 선생을 데리고 왔습니다."

그러나 진나라 왕은 범저를 그다지 탐탁하게 생각하지 않았고, 그저 가장 초라한 싸구려 여인숙에 머물게 했다. 범저는 그곳에서 한 해도 넘게 진나라 왕이 부르기만 기다렸다.

과연 이 나라에 왕이 있기는 한 것인가!

당시 진나라 사정은 매우 복잡했다. 재상인 양후는 소왕의 어머니인 대비의 동생으로서 강력한 권세를 누리고 있었다. 또 소왕의 형제들 세 명도 모두 장군으로서 각자 넓은 땅을 차지하고 있었다. 그들은 대비를 등에 업고 왕보다 더 부유하게 살았고 세력도 대단히 컸다. 시간이 갈수록 왕의 권위가 흔들려서 나라의 질서는 어지러워져만 갔다. 게다가 양후는 제나라까지 공격해서 자기 땅을 더욱 넓히는 데 안달이 나 있었다.

이때 범저가 소왕에게 글을 써서 바쳤다.

원래 집안을 크게 일으키기 위해 사람을 구하려면 한 나라 안에서 찾아낼 수 있습니다. 그러나 한 나라를 크게 발전시킬 수 있는 인재는 온 세상을 뒤져 찾아내야 한다고 했습니다. 현명한 임금은 뛰어난 인재를 세상에 널리 모으는 법입니다. 그동안 저를 기용하지 않으신 것은 제가 어리석기 때문입니까? 아니면 저를 추천한 분의 지위가 낮아 그 말을 얕잡아 보시고 저를 만나려 하시지 않은 것입니까? 만약 그런 것이 아니시라면 지금이라도 한번 기회를 주십시오. 그저 폐하의 얼굴을 멀리서나마 바라보게 해주십시오. 그렇게 해주신 뒤 제가 올리는 의견을 들어 보시고 그것이 별로 쓸모없는 것이라면 그때 저를 죽이셔도 좋습니다.

소왕은 글을 읽은 뒤 범저에게 수레를 보내 궁궐로 들어오도록 했다. 드디어 범저가 궁궐로 들어갔다. 그는 모르는 척하고 왕이 사는 깊은 곳까지 들어갔다. 그곳은 아무나 들어가지 못하는 곳이었다. 마침 그때 왕이 나오는 것을 본 신하가 당황하여 범저를 떠밀었다.

"폐하께서 나오신다. 어서 썩 물러가거라!"

범저는 갑자기 큰 소리로 떠들었다.

"진나라에 왕이 어디 있습니까? 진나라에는 대비와 재상만 있는 것 아닌지요?"

범저는 소왕이 듣고 부끄러워하게 하려고 일부러 그렇게 말한 것이었다. 왕은 그 말을 듣고 곧바로 범저를 불러 마주 앉았다.

"장록 선생이시군요. 그동안 대비께서 일을 많이 벌이시는 바람에 좀 곤란을 겪기도 했지요. 진작 선생의 좋은 가르침을 받았어야 했는데 이렇게 늦었습니다. 이제부터라도 좋은 가르침을 주시기 바라오."

왕은 범저만 남도록 하고 다른 신하들은 모두 물러가게 했다. 그러고는 텅 빈 궁전에서 무릎을 꿇었다.

"선생께서는 내게 무엇을 가르쳐 주시겠습니까?"

그런데 범저는 "네, 네." 할 뿐 아무 말이 없었다. 소왕은 말을 하지 않는 범저에게 다시 한 번 무릎을 꿇고 청했다.

원교근공遠交近攻의
외교

"선생께서는 어떤 가르침을 주시렵니까?"

범저는 또 "네, 네."라고만 하는 것이었다. 이렇게 세 차례나 반복되었다.

진나라 왕은 애가 타서 무릎을 꿇은 채 다시 말했다.

"끝내 가르침을 주지 않으시렵니까?"

범저도 황급히 무릎을 꿇고 대답했다.

"어떻게 제가 감히 그럴 수가 있습니까? 옛날에 주나라 문왕께서는 어느 날 우연히 강가에서 낚시질하는 강태공을 만나셨습니다. 그와 세상일에 대해 이야기를 나눠 본 뒤 그의 현명함을 알아보고는 스승으로 모셨지요. 문왕은 강태공의 도움을 받아 마침내 온 세상을 다스리는 제왕이 되었습니다. 저는 폐하가 곤경에 처하신 것을 보고 돕고 싶어서 달려온 몸입니다.

다만 제 마음을 바치고 싶어도 아직 폐하의 마음을 알 수 없어서 망설여질 뿐입니다. 폐하께서는 대비를 두려워하시고, 간신들의 아첨과 거짓말만 들으시고 깊은 궁궐 속에서 세상을 제대로 보지 못하고 계십니다. 그러니 어떤 인물을 써야 왕의 권위가 바로 서고 나라가 제대로 유지되는지 판단하기 힘드실 것입니다."

진나라 왕은 범저에게 거듭 청했다.

"제발 나를 믿고 가르침을 주시오. 모든 나랏일을 부탁드립니다."

범저가 큰절을 올리자 왕도 맞절을 했다. 범저가 말했다.

"진나라는 산과 계곡과 강으로 둘러싸여 있어 나라 전체가 그대로 훌륭한 요새입니다. 전쟁을 일으켰을 때, 유리하면 공격하고 불리하면 들어와 지키기만 하면 되는 땅입니다. 또 진나라 백성들은 용감합니다. 수많은 전차도 있습니다. 만약 진나라가 다른 나라를 공격할 경우를 생각해 보십시오. 비유하자면 사냥개가 발을 저는 토끼를 잡는 것만큼 유리합니다. 그런데 진나라는 그동안 아무런 일도 하지 않았습니다. 그 이유는 양후 재상이 진나라를 위해 충성 어린 마음을 갖고 있지 않았기 때문입니다. 그리고 폐하의 생각에도 잘못이 있었습니다."

왕은 어서 그 잘못을 말해 달라고 재촉했다. 하지만 범저는 누군가 문틈으로 몰래 엿듣는 것을 눈치채고 망설였다. 그래서 나라 안의 문제점보다는 나라 밖의 문제를 얘기하기 시작했다.

"양후 재상은 지금 멀리 제나라의 땅을 공격하려고 합니다. 위나라와 조나라를 거쳐 가겠다는 것이지요. 하지만 이것은 불가능합니다. 어떻게 군대를 이끌고 다른 나라들을 넘어 다니겠습니까? 아무쪼록 멀리 있는 나라와는 친분을 두텁게 하고, 가까운 나라를 공격해야 합니다.* 이렇게 하셔야 영토를 넓혀 갈 수 있습니다."

마음이 다급해진 소왕이 물었다.

"나는 위나라와 가깝게 지내고 싶었지만 그 나라가 배반을 잘하기 때문에

🦊 이러한 외교가 바로 원교근공遠交近攻이다. 즉, 멀리 떨어져 있는 나라와는 사이좋게 지내고 가까이 있는 나라부터 공격하여 굴복시켜야 한다는 외교 방법이다.

도무지 믿을 수 없었소. 위나라와 잘 지내려면 어떻게 해야 하겠소?"

범저가 대답했다.

"우선 대왕께서 예물을 많이 보내시고 겸손하게 보이십시오. 그래도 안 되면 뇌물로 땅을 떼어 주십시오. 그것도 싫으시면 아예 군대를 보내 정벌하십시오."

"장록 선생의 가르침을 정말 잘 받았습니다."

왕은 범저를 군사일을 계획하는 벼슬에 앉혔다. 그리고 범저의 조언에 따라 위나라를 공격하여 위나라 땅을 점령했다.

범저는 다시 소왕에게 자기 뜻을 내비쳤다.

"진나라와 한나라는 서로 들쭉날쭉 지역이 엉겨 붙어 있습니다. 진나라 처지에서 한나라를 본다면 나무에 좀벌레가 붙은 격이지요. 사람에 빗대어 말한다면 배에 병이 생긴 것과 같습니다. 그래서 세상이 어지러워지면 한나라가 마음먹기에 따라서 진나라는 근심이 커질 수가 있습니다. 그러므로 대왕께서는 한나라가 반드시 진나라 편이 되도록 손을 쓰셔야 합니다."

왕은 범저의 계획에 따라 한나라와 관계를 좋게 만들어 갔다. 범저는 진나라 소왕에게서 더욱 두터운 신임을 받게 되었다. 그러던 어느 날, 범저는 왕에게 다가가 조용히 말했다.

"제가 진나라에 오기 전에 진나라에는 오직 대비와 양후의 세력만 있다고 들었습니다. 왕이 계시다는 소리는 못 들어 봤습니다. 무릇 나라를 다스리는 사람은 바로 왕이어야 합니다. 그런데 지금 대비께서는 마음대로 나라를 주무르고 계십니다. 양후는 재상이면서도 나랏일은 제대로 보지 않을 뿐만 아니라 자기 욕심 채우기에 바쁩니다. 또 폐하의 아우님들도 너무 멋대로 행동하십니다. 진나라에는 왕보다 더 큰 세력을 가진 사람들이 많습니다. 그러니 나라가 위험해지는 것은 시간 문제이지요. '나무에 열매가 많이 열리면 가지가 끊어지고, 신하의 힘이 너무 강해지면 왕이 낮아진다.'라고 했습니다."

왕은 범저의 말을 듣고 큰 두려움을 느꼈다. 그리하여 대비와 양후 그리고 아우들을 쫓아냈다. 양후가 쫓겨난 뒤 재상 자리에는 범저가 앉게 되었다. 양후가 그의 땅으로 쫓겨날 때, 이삿짐을 싸서 수레에 실

죽음의 위기와 치욕을 이겨 내고 진나라의 재상이 된 범저

—

었는데 얼마나 짐이 많던지 수레가 1000대가 넘었다. 진귀한 보물도 왕실에 있는 것보다 많았다.

마침내
복수하다

범저는 재상이 된 뒤에도 장록이라는 이름으로 살았다. 물론 위나라에서는 범저가 죽은 줄로만 알았다.

이 무렵 진나라가 곧 한나라와 위나라를 공격한다는 소문이 퍼졌다. 위나라에서는 그에 대비하려고 수가를 진나라에 사신으로 보냈다. 범저는 수가가 온다는 소식을 듣고 해진 옷을 구해 입은 뒤 위나라 사신이 묵는 숙소로 수가를 만나러 갔다. 수가가 범저를 보고 마치 귀신을 본 듯이 놀랐다.

"아니, 자네는 범저 아닌가? 그대가 아직 살아 있었군!"

범저는 아무런 내색도 하지 않고 대답했다.

"그렇습니다."

수가가 흘낏 범저의 모습을 훑어보며 말했다.

"그래, 진나라에서 무엇을 하고 지내는가?"

범저가 대답했다.

"예, 위나라 재상에게 벌을 받고 이곳에 와서 남의 집 머슴으로 있지요."

범저를 불쌍히 여긴 수가는 상을 차려서 같이 먹은 뒤 말했다.

"참 안되었구나! 전이나 지금이나 항상 가난하기만 하니! 쯧쯧쯧!"

그러고는 값싼 옷도 한 벌 따로 내주었다. 수가가 다시 물었다.

"자네, 혹시 진나라 재상인 장록에 대해 아는 것이 있는가? 장록은 진나라 왕이 대단히 신임하는 인물이라 모든 나랏일을 그가 결정한다고 들었네. 내가 여기에 온 일이 잘되고 잘못되고도 그 장록에게 달려 있네. 혹시 장록과 친한 사람을 아는가?"

범저는 시치미를 뚝 떼고 고개를 끄덕였다.

"우리 집 주인이 잘 아십니다. 저도 뵌 적이 있지요. 제가 소개해 드릴까요?"

수가는 기뻐하더니 금세 시무룩해졌다.

"하지만 타고 온 말이 병이 났고 수레도 망가졌네. 사신으로서 말네 마리가 끄는 큰 수레 정도는 타야 체면이 서는데……."

범저가 빙긋이 웃으며 말했다.

"걱정 마십시오. 제가 우리 집 주인에게 빌려다 드리겠습니다."

그곳을 떠난 범저는 조금 뒤에 네 마리 말이 끄는 큰 수레를 직접 몰고 다시 수가에게 돌아왔다. 그런 뒤 재상이 사는 곳으로 들어갔다. 그곳 사람들이 범저를 알아보고 모두 길을 비켜서자 수가는 좀 이상하다는 생각을 했다. 이때 범저가 수가에게 말했다.

"여기서 좀 기다리십시오. 제가 먼저 들어가 재상께 말씀 올린 다음

안내해 드리겠습니다."

문밖에서 기다렸지만 범저가 한참을 기다려도 나오지 않자 수가가 문지기에게 물었다.

"왜 범저가 안 나오지요?"

문지기는 고개를 갸우뚱거리며 되물었다.

"범저라니 누구를 말하는 것이오? 그런 사람 여기에 없어요."

수가는 다시 말했다.

"금방 나와 같이 수레를 타고 와서 먼저 들어간 사람 말이오."

그러자 문지기가 대답했다.

"그분은 장록 재상이시옵니다."

수가는 자기 귀를 의심했다.

'아니, 내가 반쯤 죽여 놓았던 범저가 진나라 재상이 되다니! 이럴 수가! 도대체 이 노릇을 어떻게 한단 말인가!'

눈앞이 깜깜해진 수가는 곧 범저에게 사죄하겠다는 뜻을 전했다.

범저는 화려한 휘장 아래서 많은 시종을 거느리고 나와 비로소 수가를 만났다. 수가는 머리를 땅에 처박고 죄를 빌었다.

"이렇게 높은 지위까지 오르신 줄을 미처 알지 못했습니다. 제가 죽을죄를 지었습니다. 다만 저를 위나라로 돌아가게 해주시기만 하면 그 은혜 죽어도 잊지 않을 것입니다."

범저가 수가를 내려다보며 말했다.

"네 죄가 몇 가지인지 아느냐?"

수가는 바닥에 머리를 찧으며 말했다.

"제 머리카락을 다 뽑아 그 수를 세어도 제 죄보다는 적을 것입니다."

그러자 범저가 말했다.

"아니다. 네 죄는 세 가지뿐이다. 전에 위나라 사신으로 와서 내가 제나라와 몰래 내통했다고 거짓 보고를 한 것이 하나다. 또 위나라 재상이 나를 죽도록 때리고 변소에 버렸을 때 말리지 않은 것이 두 번째 죄다. 그리고 죽어 가는 내 몸에다 소변을 보게 했는데도 말리지 않은 것이 세 번째 죄다. 하지만 난 너를 죽이지는 않겠다. 그 이유는 조금 전에 만났을 때 싸구려지만 옷까지 주고 밥도 주었기 때문이다. 너를 지금 풀어 주겠다."

며칠 뒤 수가는 진나라를 떠나기 전에 범저를 찾아가 작별 인사를 했다. 범저는 큰 잔치를 벌이게 했다. 여러 사람을 초청하고 마루 위에 진수성찬을 차려 놓았다. 그러고는 수가를 불러 마루 아래에 앉게 하고 그의 상에는 말죽을 올려놓았다. 그리고 말처럼 그 죽을 먹게 하면서 범저는 이렇게 꾸짖었다.

"돌아가서 위나라 왕에게 전하라! 당장 재상 위제의 머리를 바치라고 말이다. 그러지 않을 때는 곧장 쳐들어가 쑥대밭으로 만들어 버릴 것이다!"

수가가 헐레벌떡 위나라로 돌아와 위제에게 모든 사실을 얘기해 주었다. 깜짝 놀란 위제는 조나라 평원군의 집으로 줄행랑을 쳤다.

수가의 죄를 꾸짖는 범저

범저는 재상이 된 뒤 위나라에서 자신을 수레에 태워 빼내 준 왕계에게 벼슬을 주어 보답했다. 정안평도 장군으로 삼았다. 또 자기에게 밥 한 끼라도 준 사람에게 모두 보답했다. 그러나 자기를 미워하고 해친 사람들에게는 반드시 복수했다.

한편 진나라 소왕은 범저의 원수인 위제가 조나라 평원군의 집에 있다는 것을 알고 범저를 위하여 대신 보복을 해주려고 했다. 그래서 평원군에게 편지를 보내 한번 만나고 싶다고 전했다. 평원군은 진나라를 두려워했기 때문에 진나라 왕의 비위를 건드리지 않으려고 찾아왔다. 그 자리에서 소왕이 얘기를 꺼냈다.

"범저는 나에게 없어서는 안 될 충신이고 스승이오. 그런데 듣자 하니 그의 원수가 평원군 집에 숨어 있다고 하는군요. 나는 그대가 위제의 머리를 가져다주길 바라오. 하지만 만약 거절하신다면 난 그대를 인질로 잡아 둘 수밖에 없겠소."

평원군은 고개를 저었다.

"위제는 지금 제 집에는 없습니다. 혹시 제 집에 있다 해도 친구인 그를 내놓을 수는 없습니다."

왕은 조나라에 으름장을 놓으면서 위제를 잡아 넘겨 달라고 요구했다. 조나라에서는 위제를 잡으려 했으나 그는 평원군 집을 나와 도망쳤다. 그러나 더 이상 피해 다니기 어렵게 되자 스스로 목숨을 끊었다.

결국 조나라에서는 위제의 머리를 진나라로 보냈고, 범저는 마침내 억울하게 당했던 일의 원수를 모두 갚았다.

8

세 치 혀만
붙어 있다면

전국시대에는 칠웅七雄이라 하여 일곱 나라가 패권을 위해 피비린내 나는 혈투를 벌여야 했으니 바로 한, 위, 조, 초, 제, 연, 진 일곱 나라였다. 그중에서도 중국 서북쪽 변방에 위치했던 진나라는 특별히 강대했다. 당시 진나라가 너무나 강하고 잔인했기 때문에, 과연 사나운 진나라를 어떻게 상대하여 각국이 생존할 수 있을지를 두고 두 가지 주장이 맞서게 되었다.

먼저, 서쪽의 강대국 진나라에 대항하기 위해 힘이 약한 나머지 여섯 나라가 종적縱的으로 동맹을 맺어 맞서보자는 전략이 있었다. 이것은 합종책이라고 칭해졌다. 다른 한 가지 주장은 힘이 약한 여섯 나라가 별수 없이 진나라에 약간 굴복하여 각각 횡적橫的으로 화친을 맺고 어떻게든 진나라를 섬기고 평화를 유지하면서 나라의 운명을 보전해 보자는 책략이었다. 바로 연횡책이었다.

합종책과 연횡책, 이 두 가지 논리와 주장은 치열하게 경쟁을 벌였다. 합종책을 주장하는 대표적 인물은 6국 동맹을 맺게 함으로써 여섯 나라 모두에서 재상의 자리에 오른 '6국 재상' 소진이었다. 그리고 연횡책을 펼치는 대표적 인물은 진나라 재상 장의였다. 이 두 사람은 천하를 누비면서 각자 뛰어난 말솜씨로 각국의 군주를 설득하고 홀리고 협박했다. 그리하여 이 두 사람의 주장과 논리는 중국 역사에서 오늘날까지 가장 뛰어난 언변 혹은 논리로 평가되고 있다.

그런데 소진과 장의 두 사람은 원래 같이 공부한 사이였다. 이야기 초반에 소진이 장의를 위해 일부러 그에게 모욕을 주고 그로 하여금 더욱 큰 인물이 되게 만든 일화는 의외로 여겨지기도 하지만 대단히 흥미로운 대목이다. 사실 장의는 거의 사기꾼에 가까운 언변을 구사하여 오늘날 우리로서는 선뜻 받아들이기 어려운 인물이다. 하지만 그의 탁월한 언변과 기발한 논리력 그리고 그것을 뒷받침하는 큰 담력에는 저절로 탄복하지 않을 수 없다. 위기 속에서도 끝내 자기 몸을 보전한 그의 뛰어난 책략 역시 음미할 만하다.

전국시대 중국

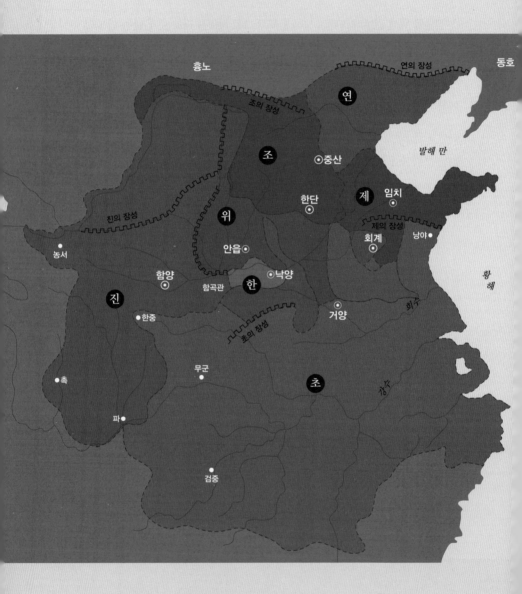

흉노

조의 장성
연의 장성

동호

연

조

⊙중산

발해 만

진의 장성

위

한단
⊙

제
임치

농서
●

안읍
⊙

제의 장성

회계
⊙

낭야
●

함양
⊙

함곡관

한

⊙낙양

황
해

진

한중
●

초의 장성

거양
⊙

회수

촉
●

무군
●

초

강수

파
●

검중
⊙

내 혀만
살아 있다면

장의張儀는 위나라 사람으로 일찍이 소진과 함께 귀곡선생鬼
谷先生(초나라 사람으로 귀곡 지방에 살았다 하여 귀곡선생이라 칭해졌다.)에게
합종연횡을 배웠는데 소진은 스스로 장의에게 뒤진다고 생각했다.

한번은 초나라 재상의 집에서 함께 술을 마시게 되었는데 그날 재
상이 가지고 있던 값비싼 보석을 잃어버렸다. 그러자 그 자리에 있던
사람들이 장의를 의심했다.

"장의는 가난하고 품행 또한 좋지 않으니 분명히 그가 보석을 훔쳤
을 것이다!"

그러고는 장의의 사지를 붙들어 매고 매를 수백 대 때렸다. 그러나
아무리 때려도 장의가 그런 일이 없다고 끝까지 버티자 할 수 없이 풀

어 주었다. 장의가 들것에 실려 집에 돌아오자 그의 아내가 잔소리를 늘어놨다.

"아이고! 당신이 글을 읽고 배운다면서 유난을 떨지 않았으면 이러한 모욕은 당하지 않았을 것 아니오?"

그러자 장의가 아내에게 물었다.

"내 혀가 아직 붙어 있소?"

아내가 기가 막혀 웃더니 입안을 살펴보았다.

"혀는 아직 남아 있네요!"

장의는 기뻐하며 "그러면 됐소!"라고 말했다.

멀리 보는 소진

그 무렵 소진은 이미 천하에 합종책을 펼치면서 맹활약을 하고 있었다. 조나라 왕도 설득하여 합종할 것을 약속받았다. 그러나 그는 진나라가 다른 나라를 공격하게 되면 합종의 동맹이 깨어질 것을 걱정했다. 그래서 진나라에 사람을 보내 진나라로 하여금 다른 나라를 공격하지 않도록 해야 했는데 아무리 생각해 봐도 마땅한 인물이 딱히 없었다. 그런데 불현듯 한 사람이 생각났다. 바로 같이 공부하던 장의였다.

'장의라면 충분히 그 일을 해낼 거야!'

이렇게 생각한 소진은 즉시 사람을 장의에게 보내 슬쩍 떠보았다.

"당신은 소진과 매우 친하지 않습니까? 지금 소진은 이미 높은 자리에 올라 있습니다. 왜 당신은 그를 찾아가 당신 뜻을 펼 수 있는 기회를 얻지 않는 것이오?"

장의가 그 말을 듣고 마음이 움직여 조나라에 가서 소진을 만나려는 사람 명단에 자기 이름도 올려놓았다. 소진은 며칠 동안이나 장의를 만나지 않으면서도 부하를 시켜 며칠 더 머물도록 했다. 그렇게 며칠이 지난 뒤에야 소진은 겨우 장의를 만나 주었는데, 만나서도 그를 마루 아래쪽에 앉게 하고는 노비나 시녀에게나 주는 음식을 먹도록 했다. 그러면서 한술 더 떠서 장의를 꾸짖으며 말했다.

"자네같이 재능이 있는 자가 어찌하여 스스로 이러한 모욕을 당하는 지경까지 이르게 되었는가? 내 자네를 추천하여 충분히 부귀를 누리도록 해줄 수 있지만 자네는 거두어 쓸 만한 재목이 못 되네!"

그러고는 곧 자리를 떠났고 또 장의를 내쫓게 했다. 장의가 이번에 소진을 찾아온 것은 옛 친구인 그에게 출셋길 좀 부탁하려던 것이었다. 그런데 도리어 심한 모욕만 당했다. 몹시 화가 난 그는 복수를 다짐하면서 '제후들 가운데 섬길 만한 인물은 없지만 소진이 있는 조나라를 이길 수 있는 나라는 진나라뿐이다.'라고 생각하여 곧장 진나라로 떠났다.

소진은 장의가 떠나는 것을 보고 부하에게 말했다.

"장의는 천하에 둘도 없는 현명한 인물이다. 아마 나도 그를 따라갈 수 없을 텐데 요행히도 먼저 등용되었을 뿐이다. 지금 진나라에 가서 권력을 잡을 수 있는 사람은 오직 장의 한 사람밖에 없다. 그러나 그는 가난해서 진나라까지 갈 돈도 없기 때문에 작은 이익을 탐해 큰 뜻을 이루지 못할 수도 있다. 그래서 내가 그를 불러다 일부러 큰 모욕을 줌으로써 그의 마음을 자극한 것이다. 그러니 너는 나를 대신하여 몰래 그에게 필요한 금전을 대주어라."

소진은 조나라 왕에게 이 일을 보고하고 부하에게 많은 돈과 수레를 마련해 주면서 몰래 장의를 따라가도록 했다. 그리고 같은 여관에 머물면서 가까이 지내고 수레와 말도 제공하도록 했다. 그러면서 장의에게 필요한 비용도 모두 대도록 했다. 하지만 누가 돈을 주었는지는 말하지 말라고 했다.

그렇게 하여 마침내 장의는 진나라 혜왕을 만나게 되었으며, 혜왕은 즉시 그를 등용하여 높은 벼슬을 주고 그와 함께 다른 나라를 공격할 계획을 세웠다. 임무가 완성된 것을 본 소진의 부하는 장의에게 작별 인사를 했다. 그러자 장의가 말했다.

"내가 당신의 도움으로 이제 비로소 귀하게 되어 그 은혜를 갚으려고 하는데 왜 갑자기 떠나려 하십니까?"

그러자 소진의 부하가 대답했다.

"저는 당신을 잘 모릅니다. 당신을 아는 사람은 바로 소진 선생이십니다. 소진 선생은 진나라가 조나라를 공격하여 합종이 깨어질 것을 염려했습니다. 그리고 당신이 아니면 진나라의 대권을 장악할 사람이 없다고 판단하고 일부터 당신께 모욕을 주었던 것입니다. 그런 뒤에 저를 시켜 당신에게 비용을 대주라고 하셨습니다. 이 모든 것이 소진 선생의 생각입니다. 이제 당신이 중용되었으니 저는 조나라로 돌아가 소진 선생께 이 사실을 보고하겠습니다."

장의는 하늘을 쳐다보며 탄식해 마지않았다.

"아아! 이러한 계책들은 이미 내가 공부했던 것들이오. 그러나 나는 이제껏 발견하지 못했으니 내가 소진 선생에게 미치지 못하는 것이 분명하오! 나는 이제 막 벼슬을 했으니 또 어떻게 조나라 공격을 꾀할 수 있겠소? 소진 선생에게 감사하다고 전해 주시오. 소진 선생이 직무를 맡고 있는 한 내 어찌 감히 조나라를 침략할 생각을 할 수 있겠소. 더구나 소진 선생이 있는데, 나 장의가 어찌 그런 능력이 있겠소."

장의는 진나라 상국에 임명된 뒤, 옛날 보석 사건으로 원한을 맺히게 했던 초나라 재상에게 편지를 보내 경고했다.

예전에 그대와 함께 술을 마셨을 때, 나는 보석을 훔친 일이 없는데도 그대는 나에게 도둑 누명을 씌워 고문을 가했다. 그대는 그대의 국가를 잘 지켜 보시라! 나는 반드시 그대의 도성을 훔치겠다.

장의의
연횡책

　그 후 장의는 촉나라를 평정하고 위나라를 공격하여 대파하는 등 잇달아 큰 공적을 올렸다. 장의가 진나라의 상국이 된 지 6년 후, 그는 진나라의 이익을 위하여 위나라에 가서 위나라의 상국이 되었다. 그는 위나라로 하여금 먼저 진나라를 섬기게 한 뒤 다른 나라들도 위나라를 본받게 하려고 했다. 하지만 위나라 왕은 장의의 말을 따르지 않았다. 그러자 진나라 왕은 분노하여 군대를 파견해 위나라의 곡옥과 평주 두 성을 빼앗고 몰래 장의에게 사람을 보내 과거보다 더 융숭하게 대우해 주었다. 장의는 임무를 완성하지 못한 것을 부끄럽게 생각하여 위나라에서 4년을 더 머물렀다.

　그때 위나라 양왕이 세상을 떠나고 애왕이 즉위했다. 장의는 또 애왕에게 진나라를 섬기도록 권했지만 애왕은 받아들이지 않았다. 그래서 장의는 남몰래 진나라로 하여금 위나라를 치도록 했다. 위나라는 전쟁을 일으켰으나 패하고 말았다.

　그 이듬해 제나라도 위나라를 침략하여 관진 땅에서 위나라를 물리쳤다. 진나라는 다시 위나라를 공격할 준비를 하면서 먼저 한나라를 공격해 8만 명을 죽게 함으로써 각국 제후들을 두려움에 떨게 했다. 이 기회를 틈타 장의가 위나라 왕에게 말했다.

　"위나라는 국토가 채 사방 천 리가 되지 못하며, 군사는 30만 명에 지나지 않습니다. 국토는 사방이 평탄하여 이웃 나라들이 사방에서 쉽게 공격해 들어올 수 있습니다. 또 특별히 높은 산이나 큰 하천으로 가로막힌 것도 없기 때문에 신정 지방에서 도읍인 대량까지 200리에 불과하여 전차든 보병이든 모두 힘을 들이지 않고 곧바로 도달할 수 있습니다.

위나라는 남쪽으로 초나라와 국경을 맞대고 있고, 서쪽으로는 한나라와 이웃하고 있습니다. 또 북쪽으로는 조나라와 접경했고 동쪽으로는 제나라와 경계를 마주하고 있습니다. 그리하여 군대는 사방을 지켜야 하고, 변경을 지키는 병사만 해도 최소한 10만 명 이상이 필요합니다. 위나라의 지세는 예부터 그 자체가 전쟁터입니다. 만약 위나라가 남쪽으로 초나라와 좋은 관계가 되고 제나라와 좋지 않은 관계가 된다면 제나라가 곧 동쪽에서 공격해 올 것입니다. 또 동쪽으로 제나라와 좋은 관계가 되고 조나라와 좋지 않게 되면, 조나라가 곧 북쪽에서 공격해 올 것입니다. 그리고 한나라와 불화하게 되면 한나라가 곧 위나라의 서쪽을 공격할 것이고, 초나라와 불화한다면 초나라가 곧 위나라의 남쪽을 공격할 것입니다. 그러니 위나라는 실로 사분오열의 지역이 아닐 수 없습니다!

지금 각국 제후들이 합종하는 목적은 그것으로써 국가를 안정시키고 왕의 지위를 튼튼하게 만들며 병력을 증강하여 명성을 드러내려는 것입니다. 이제 합종을 주장하는 사람은 천하를 하나로 하여 각 제후들로 하여금 형제처럼 되기를 약속하게 하고 원수 강가에서 흰 말을 잡아 약속함으로써 그 뜻을 굳건히 했습니다. 그러나 같은 부모의 형제도 오히려 서로 재물을 다투는 일이 자주 발생하는 법입니다. 어찌 소진의 교활하고 거짓되며 이랬다저랬다 하는 책략을 믿을 수 있겠습니까? 그것이 성공할 수 없다는 점은 너무도 명백합니다.

만약 대왕께서 진나라를 섬기지 않으면 진나라가 군대를 동원하여 하외 지역을 공격하고, 위나라를 협박하여 양진 땅을 손에 넣게 될 것입니다. 그렇게 되면 조나라는 남하할 수가 없게 됩니다. 조나라가 남하할 수 없게 되면 위나라도 북쪽으로 조나라와 호응할 수가 없게 됩니다. 그리고 위나라가 조나라와 연합하지 못한다면 각국의 합종은 곧 끊어지게 되고, 합종이 끊어지게 되면 대왕의 국가가 위태롭지 않기를 바라는 것은 불가능합니다. 나아가 진나라는 한나라를 제압한 뒤 다시 위나라를 공격할 것입니다. 한나라는 진나라를 두려워하여 진나라와 한편이 될 것이므로 위나라의 멸망은 바로 눈앞에 있게 됩니다. 바로 이 점이 신이 대왕을 위하여 근심하는 것입니다.

이렇게 볼 때, 대왕을 위한 계책으로는 진나라를 섬기는 것이 최상입니다. 진나라를 섬기면 초나라와 한나라는 감히 움직이지 못할 것이 분명합니다. 초나라와 한나라의 근심이 없다면 대왕께서는 베개를 높이 하고 편히 주무실 수 있고(고침이와高枕而臥) 나라에는 아무런 근심이 없게 됩니다.

지금 진나라가 가장 쇠약하게 만들려는 나라는 바로 초나라입니다. 그런데 초나라를 가장 쇠약하게 만들 수 있는 나라는 바로 위나라입니다. 초나라가 부유하고 강대하다는 명성이 있기는 하지만 실제로는 빈 껍데기에 불과합니다. 초나라의 군사가 많다고는 하지만 실제로 싸움이 닥치게 되면 곧바로 패하게 될 뿐입니다. 만약 위나라 군대를 모조리 동원하여 남쪽으로 초나라를 공격한다면 반드시 승리를 거둘 것입니다.

이렇게 하여 초나라 땅을 나누는 것은 위나라에 유리하며, 초나라를 약화시켜 국가를 안정시킬 수 있다면 참으로 좋은 일이 아닐 수 없습니다. 그러나 만약 대왕께서 신의 계책을 따르지 않으신다면 진나라는 군사를 출동해 동쪽으로부터 위나라를 공격할 것이며, 그때 진나라를 섬기려 해도 이미 불가능할 것입니다.

지금 합종을 주장하는 사람들은 큰소리만 치고 정작 믿을 만한 말은 적습니다. 제후 한 사람만 설득하면 큰 벼슬을 얻을 수 있기 때문에 천하의 내로라하는 사람들은 모두 밤낮없이 팔을 걷어붙이고 눈을 부릅뜨고 이를 갈면서 합종의 장점을 드러내어 일국의 군주를 설득하고자 합니다. 일반 군주들은 그들의 말솜씨를 찬양하고 그 영향을 받으니 어찌 쉽게 속지 않을 수 있겠습니까?

신이 듣자니 깃털도 쌓으면 배를 가라앉히고 가벼운 물건도 많이 신게 되면 수레의 축이 부러진다고 합니다. 또 많은 사람의 입은 무쇠도 녹게 만들고, 많은 사람의 비방은 뼈도 녹일 수 있다고 합니다. 그러므로 대왕께서는 신중하게 국가의 백년대계를 결정하시기 바라오며, 또한 신이 사직하고 위나라를 떠날 수 있도록 허락해 주십시오."

애왕은 드디어 합종의 약속을 저버리고 장의를 통하여 진나라와 화친을 청했다. 장의는 진나라로 돌아가서 여전히 상국으로 일했다.

3년 뒤, 위나라는 다시 진나라를 배반하고 합종책을 따랐다. 그러자 진나라는 곧바로 위나라를 공격하여 곡옥성을 빼앗았다.

이듬해, 위나라는 다시 진나라를 섬겼다.

600리냐
6리냐

얼마 뒤 진나라는 제나라 공격을 준비했다. 제나라는 초나라와 함께 합종에 참여했고 양국 관계도 친밀했다. 그리하여 진나라 왕은 장의를 초나라에 파견하여 초나라 재상을 맡도록 했다.

초나라 회왕은 장의가 초나라에 온다는 소식을 듣고는 가장 좋은 숙소를 준비하고 직접 숙소까지 가서 장의를 만났다.

"벽지에 있는 나라에 오셨는데, 어떠한 좋은 계책이 있겠는지요?"

그러자 장의가 대답했다.

"대왕께서 진실로 제 의견을 들어줄 수 있으시다면 먼저 제나라와 관계를 끊으십시오. 그러면 우리 진나라는 상 지방과 어 지방 부근 600리의 토지를 초나라에 드리고 또 진나라의 공주를 보내 대왕의 처자가 되게 하여 영원히 형제의 나라가 되겠습니다. 이렇게 하면 장차 북쪽으로 제나라를 약화시킬 수 있고 서쪽 진나라에도 유리합니다. 이보다 더 좋은 계책이 없습니다."

이 말을 들은 초나라 왕은 무척 기뻐하며 장의의 의견에 동의했다. 대신들도 모두 축하했으나 유독 진진이라는 신하만은 반대했다. 왕이 몹시 화를 내며 그를 나무랐다.

"과인이 군대를 일으키지 않고도 600리 땅을 얻어 모두 축하하는데 왜 그대만 불만인가?"

그러자 진진은 "신은 그렇게 생각하지 않습니다. 신이 보기에는 상과 어의 땅은 전혀 얻지 못하고 오히려 진나라와 제나라가 연합할 것입니다. 일단 제나라와 진나라가 연합하면 초나라의 환난은 필연적입니다."라고 대답했다.

왕이 "무슨 근거로 그렇게 말하는 것인가?"라고 묻자 진진은 "진나라가 초나라를 중요하게 생각하는 것은 초나라가 제나라라는 동맹국을 가지고 있기 때문입니다. 지금 우리가 제나라와 외교를 단절하면 우리만 고립될 것입니다. 진나라가 왜 고립무원의 나라에 600리 땅을 주겠습니까? 장의는 진나라에 돌아가 반드시 폐하를 배신할 것입니다. 그래서 신의 생각으로는 겉으로는 제나라와 관계를 끊는 척하면서 사자를 장의에게 붙여 보내는 것이 좋을 듯합니다. 진나라가 정말 땅을 주면 그때 제나라와 외교를 끊어도 늦지 않을 것이며 땅을 주지 않아도 제나라와 동맹이 유지되니 아무런 문제가 없을 것입니다."라고 말했다.

그러나 초나라 왕은 진진의 의견을 받아들이지 않았다.

"그대는 입을 닥치고 다시는 말하지 마라! 과인이 땅을 받아서 보여 주겠다."

그리하여 초왕은 초나라 재상의 인수印綬를 장의에게 주고 많은 선물도 주었다. 그러고는 변경의 관문을 닫아 제나라와 관계를 끊고 장군 한 명으로 하여금 장의를 따라 진나라에 가도록 했다.

장의는 진나라에 돌아가자 일부러 수레 끈을 놓아 수레에서 떨어진 후 석 달이나 조정에 나가지 않았다. 이 소식을 들은 초나라 왕은 "장의가 과인이 제나라와 외교를 끊은 것만으로는 아직 충분하지 않다고 생각하고 있도다."라고 말했다. 그러고는 곧 제나라 왕을 비난했다. 몹시 화가 난 제나라 왕은 스스로 진나라의 신하라고 칭하며 진나라에 화친을 청하여 진나라와 제나라의 국교가 맺어졌다. 그제야 비로소 장의가 몸이 완쾌되었다면서 조정에 나타나 초나라 사자에게 말했다.

"제게 진왕께서 하사한 6리 땅이 있으니 약속한 대로 대왕께 드리리다."

그러자 초나라 사자가 놀라면서 "아니, 6리라니! 제가 대왕의 어명으로 상과 어 600리 땅을 받게 되었는데, 6리라는 말은 전혀 들어 본 적이 없소."라고 말했다.

초나라 사자가 곧 귀국하여 왕에게 보고하자 노발대발한 왕은 당장 군사를 일으켜 진나라를 치려고 했다. 이때 진진이 달려와 말렸다.

"저 진진이 이제 입을 열어도 되겠습니까? 제 생각으로는 진나라를 공격하는 것보다 오히려 땅을 떼어 주어 진나라의 비위를 맞춘 후 진나라와 힘을 합쳐 제나라를 공격하는 것이 좋을 듯합니다. 그렇게 되면 진나라에 준 땅을 제나라로부터 보충할 수 있습니다. 이렇게 하면 대왕의 나라는 생존해 나갈 수 있습니다."

그러나 왕은 이번에도 이를 받아들이지 않았다. 그리고는 장군 굴개를 시켜 당장 진나라를 공격하도록 했다. 하지만 진나라와 제나라가 연합하여 초나라를 공격하자 8만 초나라 병사가 목숨을 잃고 굴개도 전사했다. 게다가 단양과 한중 일대의 토지까지도 빼앗겼다.

초나라 왕은 다시 더욱 많은 군사를 동원해 진나라를 습격하여 남전이라는 곳에서 대전투가 벌어졌다. 그러나 초나라는 참패를 당했다. 결국 초나라는 진나라에 두 개 성을 떼어 주고 화친을 맺어야 했다.

장의,
스스로 사지死地로 가다

이제 진나라 왕은 초나라 검중 일대의 땅을 욕심내 무관 지방 밖의 토지와 바꾸자고 제의했다. 초나라 왕은 "나는 땅을 바꿀 생각이 없다. 다만 장의만 보내준다면 진왕에게 검중 땅을 바치겠다."라고 말했다. 진나라 왕은 장의를 마음속으로는 보냈으면 했지만 초나라가 그를 죽일 것이 뻔해 차마 말하지 못했다. 그런데 장의는 자신이 먼저 초나라에 가겠다고 나섰다. 진나라 왕은 "초나라 왕이 그대에게 속은 것을 참지 못하여 복수하려는 것인데 어떻게 갈 수가 있겠소?"라고 말렸다.

그러자 장의가 말했다.

"진나라에 비해 초나라는 약한 나라입니다. 그리고 저는 근상이라는 자와 사이가 무척이나 좋습니다. 그는 초나라 왕의 부인 정수의 신임을 받고 있는데 초나라 왕은 그 여자의 말이라면 모두 들어줍니다. 또 제가 대왕의 특사 위임장을 가지고 가는데 초나라가 어찌 감히 저를 죽이겠습니까? 설사 제가 죽는다고 해도 그 대신 진나라가 검중 땅을 얻을 것이므로 저로서는 더 바랄 것이 없습니다."

드디어 장의는 초나라로 떠났다. 그가 초나라에 도착하자마자 초회왕은 그를 붙잡아 가두고 죽이려 했다. 근상이 바삐 정수 부인에게 달려갔다.

"큰일입니다. 이제 대왕의 총애도 오래가지 못할 것 같습니다."

이에 정수 부인이 "무슨 말이오?" 하고 물었다. 그러자 근상은 "진나라 왕은 장의를 몹시 신임하는데 대왕께서는 그를 없애려 하십니다. 그러면 진나라는 반드시 상용 일대의 여섯 개 현을 초나라에 주고 또 미인을 초나라 왕에게 시집보내며 거기에 진나라 궁궐의 노래 잘하는 여자들을 붙여서 보내 장의를 구하려 할 것입니다. 대왕은 토지를 중시하시고 또 진나라를 존중하여 진나라 여자는 반드시 총애를 받게 될 것입니다. 그렇게 되면 부인께서는 냉대를 받으실 것입니다. 이런 일들이 일어나기 전에 빨리 장의를 석방시켜야 합니다."

정수 부인이 그 말을 듣고 왕에게 밤낮으로 매달리며 간청했다.

"신하가 왕을 위해 봉사하는 것은 당연합니다. 지금 진나라가 땅을 받지도 않았는데 장의를 보낸 것은 대왕을 매우 존중한다는 뜻으로 볼 수 있습니다. 그런데도 장의를 죽인다면 진나라는 틀림없이 초나라를 공격해 올 것입니다. 저희 모자는 진나라의 손에 생선처럼 토막 나기 싫습니다. 바라옵건대 부디 저희를 강남 땅으로 피하게 해주십시오."

초왕은 크게 후회한 뒤 곧 장의를 사면해 전처럼 정중하게 대우했다.

한편 초나라 회왕과 정수 부인은 여러 가지 일화를 남겼다.

어느 날 취나라에서 초나라 회왕에게 아름다운 여인을 보냈다. 호색이었던 회왕은 그녀를 총애하게 되어 아예 품에 안고 살았다. 정수 부인은 그 사실을 알고 오히려 그녀를 더욱 귀여워하여 좋은 옷이며 노리개, 고급 가구 등 그녀가 좋아하는 것을 모두 장만해 주었다. 그녀의 행동에 대해서는 회왕조차 감탄할 정도였다.

'질투가 나는 것이 당연한데도 정수는 오히려 나보다 더욱 예뻐해 주는구나. 참으로 마음이 넓은 여자야.'

그런데 어느 날 정수가 그 여자에게 말했다.

"전하께서는 그대가 예뻐서 미칠 지경이라고 하오. 다만 코는 조금 불만이 있는 것 같던데……. 그러니 앞으로는 전하 앞에서 코를 손으로 살짝 가리는 것이 어떨까?"

그 후부터 그 여자는 회왕 앞에서 코를 항상 가렸다. 그러자 회왕이 정수에게 물었다.

"새로 온 여인은 왜 내 앞에서 코를 가리는 것일까?"

"네. 그게……."

"어서 말해 보오."

"사실은……. 전하의 몸에서 냄새가 난다고……."

회왕은 즉시 그 여자의 코를 잘라 버리도록 명령했다.

기막힌
이간책

장의가 풀려났지만 아직 초나라를 떠나지 않고 있을 때 소진이 죽었다는 소식이 들려왔다. 그러자 장의가 초나라 왕을 은근히 협박하면서 설득했다.

"진나라 영토는 이미 천하의 반을 차지하고 있으며 그 군대는 6국 전체의 군대와 맞먹을 만큼 많습니다. 또 험한 산과 황하에 둘러싸여 사방이 막힌 요새입니다. 진나라에는 호랑이같이 용감한 군사가 100만 명, 전차가 1000대, 군마가 1만 마리나 되며 쌓아 놓은 식량은 산처럼 많습니다. 또한 법령은 매우 엄격하여 병사들은 죽음을 각오하고 싸우기를 맹세하고 있습니다. 지금 합종이란 마치 양떼를 몰아 사나운 호랑이를 공격하는 것과 다를 바 없습니다. 대왕께서도 호랑이와 한편이 되지 않고 반대로 양떼와 같은 편에 계시니 이는 거꾸로 된 것이 아닐 수 없습니다.

이제 천하의 강대국은 진나라와 초나라뿐입니다. 대왕께서 진나라와 동맹하지 않으시면 진나라가 군대를 일으켜 한나라를 차단하고 계속 하동을 공격하여 성고를 빼앗게 되어 한나라가 항복하게 될 것이며, 위나라는 바람에 나부끼는 풀처럼 진나라에 엎드릴 것입니다. 이때 진나라가 초나라 서쪽을 공격하고 한나라와 위나라가 북쪽을 공격하면 초나라가 과연 안전할 수 있겠습니까?

합종론자들은 약한 나라를 모아 강대국을 공격함으로써 경솔하게 전쟁을 벌이게 하며, 나라가 가난한데도 자주 군대를 일으키게 합니다. 실로 이는 나라를 위태롭게 하고 드디어 멸망시키는 사기에 불과합니다. 제가 들은 바로는 '군대가 약하면 도전하지 말고 곡식이 적으면 지구전을 벌이지 말라.'고 했습니다. 진나라에 화를 당하면 호소할 길도 없습니다. 대왕께서 현명하게 생각하시길 바랄 뿐입니다.

진나라는 서쪽으로 파와 촉 지방이 있어 큰 배에 곡식을 싣고 출발해 강물을 타고 내려오면 열흘이 못 되어 초나라의 한관 지방에 닿을 것입니다. 그렇게 되면 국경 지대의 동쪽에 있는 성들은 모두 꼼짝 못하고 수비에 급급하게 되며 검중과 무군의 땅은 이미 초나라의 손을 떠나게 됩니다. 또 진나라가 기병대를 출동시켜 무관으로 나와 남진해

오면 북쪽의 땅은 연락이 끊길 것입니다. 그리하여 진나라가 초나라를 공격하게 되면 석 달이면 충분히 초나라를 큰 어려움에 빠뜨릴 수 있게 됩니다. 그러나 초나라가 다른 제후국의 도움을 받는 것은 반 년 뒤의 일입니다. 약소국의 도움을 믿고 강대한 진나라의 침략을 잊는다는 것은 실로 근심스러운 일이 아닐 수 없습니다. 진나라가 15년간 함곡관 밖으로 군대를 내보내 조나라와 제나라를 공격하지 않은 것은 진나라에 천하를 한꺼번에 손에 넣을 계획이 있기 때문입니다.

합종의 약속으로 천하의 제후들을 서로 긴밀하게 연결시킨 사람은 다름 아닌 소진입니다. 그는 연나라의 재상이 되어 제나라를 격파한 뒤 그 땅을 나누어 갖기로 연나라 왕과 음모를 꾸몄습니다. 그래서 그는 죄를 지어 연나라로 도망친 것처럼 꾸미고 제나라로 가서 제나라 재상을 2년 동안 하다가 연나라 왕과의 음모가 드러나 길바닥에서 거열형車裂刑(사지를 수레에 붙들어 매고 각 방향으로 잡아 당겨 몸을 찢어 죽이는 형벌)을 당했던 것입니다. 일개 사기꾼 소진이 천하 경영을 꾀하여 제후를 하나로 묶으려 했으니 그의 책략이 성공할 수 없었던 것은 너무도 당연했습니다.

지금 진나라와 초나라는 국경을 맞대고 있는 가까운 나라입니다. 대왕께서 저를 믿고 제 의견을 들어주신다면, 저는 진왕에게 진나라의 태자를 인질로 보낼 것을 청할 터이니 초나라도 태자를 진나라에 인질로 보내시기 바랍니다. 또 진나라의 공주를 대왕의 첩으로 삼도록 할 것이며 1만 호의 대도읍도 바치겠습니다. 이렇게 하여 두 나라는 영원

거열형을 당하는 소진

히 형제의 나라가 되기로 굳게 약속하고 서로 공격하지 않게 되면, 이 보다 더 좋은 상책은 없을 것입니다."

초나라 왕은 장의를 넘겨받았으나 약속한 검중 땅을 진나라에 주기가 아까워 장의의 의견에 따르려고 했다. 그러자 굴원이 반대했다.

"전에 대왕께서 장의에게 속으셨기 때문에 장의가 오면 그를 삶아 죽일 것으로 생각했습니다. 그런데 이제 그를 놓아주고 차마 죽이지 못하시며 나아가 그의 거짓된 말을 따르려고 하시니 그렇게 하실 수는 없습니다!"

그러나 왕이 말했다.

"장의의 건의를 받아들이고 다시 검중 땅을 지키는 것은 아주 좋은 이익이 된다. 나는 그에 이미 동의했다. 이제 와서 그를 배반하면 좋지 못하다."

왕은 끝내 장의의 의견에 따라 진나라와 화친을 맺었다.

완성된 연횡

한편 장의는 이번에는 초나라를 떠나 한나라 왕을 노골적으로 협박했다.

"한나라의 지세는 험하고 사람들은 모두 산악 지대에 살고 있습니다. 전국에서 생산되는 곡식은 콩 아니면 보리밖에 없고 백성들은 콩밥과 콩잎으로 끓인 국이나 먹으면서 만일 한 해라도 흉년이 든다면 술지게미도 먹을 수 없는 형편입니다.

한나라의 영토는 사방 900리에 불과하고 군대는 취사병까지 합해 봐야 30만이며 동원 가능한 병력은 20만에 지나지 않습니다. 이에 비해 진나라는 군사가 100만 명인 데다 전차가 1000대, 말은 1만 마리에 이르며, 병사들은 호랑이처럼 용맹스럽습니다. 한나라 병사는 갑옷을 입고 투구를 쓴 채 싸우지만 진나라 군사는 갑옷을 벗어 던지고 맨발과 알몸으로 적진에 뛰어들어 왼손에는 적의 머리를 들고 오른손으로는 포로를 끼고 돌아옵니다.

진나라와 한나라 병사를 비교하면 마치 맹분(전설에 나오는 용맹스러운 용사)과 겁쟁이를 마주 세워놓은 것과 같고, 힘으로 비교하면 마치 오획(전설에 나오는 힘센 장사)이 어린애를 누르는 것과 같습니다. 그래서 맹분과 오획 같은 병사들로 하여금 복종하지 않는 약한 나라를 공격하는 것은 3만 근의 무게로 새알을 누르는 것과 다를 바 없습니다. 그러니 대왕께서 취할 수 있는 가장 좋은 방법은 진나라를 섬기는 것입니다. 지금 진나라의 가장 급한 일은 초나라를 약화시키는 일로서, 한나라가 진나라와 초나라 사이에 있기 때문에 진나라와 힘을 합해 초나라를 공격할 수 있습니다. 그렇게 되면 화를 복으로 바꿔 한나라 사직을 튼튼히 지켜낼 수 있을 것입니다.

지금 합종을 주장하는 자들은 패거리를 만들어 모두 목소리를 높여 말합니다. '내 계책을 따르면 천하의 패자가 될 수 있다!'라고 말입니다. 그러나 그것은 국가의 장기적 이익을 돌보지 않는 일시적 궤변에 지나지 않으며, 그것에 귀 기울이는 것처럼 군주를 망치는 일도 없습니다. 앞장서서 진나라를 섬기면 안전하지만 진나라를 섬기지 않으면 위험합니다. 화근을 만들면서 복을 바라는 것은 얕은 꾀에 지나지 않으며 오히려 원한만 깊어 갈 뿐입니다. 대왕께서는 잘 생각하시기 바랍니다."

한나라 왕은 장의의 의견에 따랐다.

장의가 진나라에 돌아가 보고하자 혜왕은 장의에게 무신군이라는 칭호를 내리고 다섯 개 읍을 상으로 내렸다. 그런 연후에 장의는 제나라 왕을 설득하러 갔다.

"지금 천하에 제나라보다 강한 나라는 없습니다. 제나라 백성들은 모두 부귀와 영화를 누리고 있습니다. 하지만 대왕을 위해 계책을 꾸미는 자들은 모두 일시적 이익만 주장하고 장기적 이익을 돌아보지 않습니다. 합종론자들은 패거리를 만들고 한결같이 합종이 좋다고 떠듭니다.

그러나 예전에 제나라와 노나라가 세 번 싸워 노나라가 모두 이겼지만 노나라는 위기에 빠지고 결국 망했습니다. 전쟁에 이긴 것은 말뿐이었고 실제로는 나라가 망했습니다. 왜 그렇게 되었겠습니까? 바로 제나라는 강했지만 노나라는 약했기 때문입니다.

지금 진나라와 초나라는 서로 통혼하는 형제의 나라가 되었으며 한나라는 의양 땅을 바치고 위나라는 하외 땅을 바쳤습니다. 또 조나라는 하간 땅을 바쳐 진나라를 섬기고 있습니다. 대왕께서 진나라를 섬기지 않으시면, 진나라는 한나라와 위나라로 하여금 제나라의 남쪽을 공격하게 하고 조나라 군사와 함께 쳐들어오면 반드시 임치와 즉묵이라는 큰 도시를 잃게 될 것입니다. 공격을 받고 난 후에는 진나라를 섬기려 해도 이미 늦습니다. 그러므로 대왕께서는 이 일을 잘 고려해 보시기 바랍니다."

장의의 말을 들은 제나라 왕은 "제나라는 벽지에 있는 누추한 나라이며 과인은 동해 바닷가에서 숨어 살아 천하의 실정을 살피지 못했소."라고 말하고는 장의의 의견에 따르겠다고 약속했다.

장의는 다시 제나라를 떠나 조나라 왕을 만났다.

"우리 진나라 왕께서 저를 보내 대왕께 책략을 바치도록 하셨습니다. 대왕께서 천하의 제후들을 이끌고 진나라를 배척하여 진나라가 함곡관을 나오지 못한 지 15년이 되었습니다. 대왕의 위엄이 천하에 떨치니 우리 진나라는 공포에 질려 고개도 못 들고 오직 무기와 마차를 정비하면서 말타기와 활쏘기를 익혔으며, 농사에 힘써 곡식을 비축하면서 두렵고 슬픈 나날 속에서 감히 움직이지 못했습니다. 이제 진나라는 대왕 덕분에 파와 촉 땅을 정복하고 한중까지 점령했습니다. 진나라는 비록 벽지에 멀리 떨어져 있으나 분한 마음을 품은 지 오래입니다. 대왕께서 합종이 유리하다고 믿은 것은 소진의 말을 신용하셨기 때문입니다. 소진은 제후를 속여 옳은 것을 그르다고 하고 그른 것을 옳다고 주장했습니다. 그리하여 결국 제나라를 배반하려다 스스로 길 바닥에서 거열형을 당해야 했습니다.

이제 천하 각 제후는 하나로 될 수 없습니다. 지금 초나라와 진나라는 형제국이 되었으며 한나라와 위나라는 진나라의 동쪽을 지키는 신하와 다름없고 제나라는 땅을 바쳐 화친을 청했습니다. 그리하여 조나라는 오른팔이 잘려 나간 상태입니다. 오른팔이 잘리고도 남과 싸울 수 있으며 친구를 잃고 고립되어 있으면서 안전하기를 바랄 수 있겠습니까?

만약 지금 진나라가 3개 부대를 파견하면 그중 한 부대는 오도 지방을 차단한 후 제나라에 통고하여 함께 한단의 동쪽에 진을 치도록 할 것입니다. 다른 한 부대는 성고 지방에 주둔하여 한나라와 위나라의 군대를 하외 지역에 출동시키고, 또 다른 부대는 민지 지방에 주둔하면서 4개국이 연합해 조나라를 공격할 것입니다. 그렇게 되면 조나라는 굴복한 뒤에 반드시 그 땅을 전쟁에 참여한 네 나라에 주어야 할 것입니다.

저는 이러한 사실을 숨길 수 없기 때문에 먼저 그것을 대왕께 말씀 드리는 것입니다. 제가 대왕을 위해 계책을 생각해 보니 가장 좋은 방책은 대왕께서 민지에서 진나라 왕과 회담을 해서 약속하고 군대의 공격을 중단해 달라고 청하시는 것입니다. 저는 대왕께서 가장 정확한 방책을 결정하시기를 바랍니다."

장의의 말을 듣고 난 조나라 왕이 탄식하며 말했다.

"과인이 나이도 어리고 대를 이은 지 얼마 되지 않아 늘 걱정했소. 그런데 천하와 합종하여 진나라를 섬기지 않는 것이 나라의 이익과 맞지 않는 듯하여 요즘 다시 생각을 고쳐 땅을 바치고 과거의 잘못을 사과하며 진나라를 섬기려고 막 수레를 준비하여 떠나려던 참이었소. 때맞춰 그대의 뛰어난 제안을 듣게 되었소."

장의는 다시 조나라를 떠나 북쪽 연나라로 가서 연나라 소왕을 만났다.

"대왕께서는 조나라와 가장 가깝게 지내십니다. 그러나 지난날 조양자는 자신의 손위 누이를 대나라 군주의 아내로 삼게 하고 대나라를 합병시킬 뜻을 품고서 대나라의 군주와 구주라는 요새지에서 만나기로 약속했습니다. 그는 대장장이에게 금으로 국자를 만들게 했는데, 사람을 칠 수 있도록 자루를 길게 만들도록 했습니다. 그러고는 대나라 군주와 술을 마시면서 몰래 요리사에게 '술자리가 흥이 오르거든 뜨거운 국을 올리면서 국자를 돌려 잡고 그를 쳐라.'라고 했습니다. 술자리가 한창 흥겨울 무렵, 요리사는 뜨거운 국을 올리고 술을 따르다가 국자를 돌려 잡고 대나라의 군주를 내리쳤습니다.

결국 대나라 군주는 머리가 터진 채 죽고 말았습니다. 그의 누이는 이 소식을 듣고 비녀를 갈아서 자결했습니다. 이 때문에 지금까지 마계산(摩笄: 비녀를 갈다)이라는 이름이 전해지고 있습니다. 대나라 군주가 죽은 이야기는 세상 사람들이 모두 알고 있습니다.

조나라 왕이 이처럼 잔인하고 심지어 친척에게조차 너그럽지 않다는 것은 대왕께서도 분명하게 보셨습니다. 그런데도 지금 조나라 왕을 가까이할 수 있겠습니까?

　　조나라는 그간 군사를 일으켜 연나라를 쳐서 두 차례나 연나라의 도읍을 포위하고 대왕을 위협하여 대왕께서는 10개 성을 떼어 주고 사과하셨습니다. 지금 조나라 왕은 이미 진나라에 하간 땅을 바치고 진나라를 섬기는데, 만약 대왕께서 진나라를 섬기지 않으신다면 진나라는 운중과 구원 지역에 군사를 보내어 조나라 군대를 몰아 연나라를 칠 것입니다.

　　그렇게 되면 역수와 장성은 대왕의 손에 남아 있지 않게 될 것입니다. 그리고 지금 조나라는 진나라의 군현과 마찬가지이므로 함부로 군사를 일으켜서 전쟁을 할 수가 없습니다. 만약 대왕께서 진나라를 섬긴다면 진나라 왕은 분명히 기뻐할 것이며, 조나라는 더욱 함부로 움직이지 못할 것입니다. 이렇게 하여 연나라는 서쪽으로는 강한 진나라의 도움이 있고 남쪽으로는 제나라와 조나라의 근심이 없게 됩니다. 그러므로 대왕께서는 이러한 사정을 신중하게 고려하시기 바랍니다."

　　그러자 연나라 왕은 "과인은 오랑캐와 같이 세상의 외진 곳에 처해 있어서 비록 어른이지만 어떤 일을 판단하는 것은 실제 어린아이와도 같았소. 이제 당신을 만나 가르침을 받게 되었으니 참으로 감사하오. 나는 신하의 나라로서 서쪽으로 진나라를 섬길 것이고, 항산의 끝에 있는 다섯 개 성을 바치겠소이다."라고 했다.

소진의 합종책을 깨고 연횡을 완성한 장의

장의는 이렇게 하여 마침내 각 나라가 서로 맺고 있던 합종을 깨고 '각개격파' 방식으로 진나라와의 연횡을 완성했다.

장의의 마지막 꾀

장의는 연횡책을 이뤄 냈다는 보고를 하기 위해 진나라로 향했다. 그러나 진나라 수도 함양에 도착하기 전에 혜왕이 죽고 그의 아들 무왕이 왕위에 올랐다. 무왕은 태자 때부터 장의를 싫어했는데 그가 즉위하자 조정의 모든 신하가 장의를 비방하고 나섰다.

"장의는 신용할 수 없는 사람입니다. 자기 몸을 위해서는 나라도 팔아먹을 자입니다. 다시 그를 등용하게 되면 틀림없이 천하의 비웃음을 받게 될 것입니다."

제후들은 장의와 무왕의 관계가 좋지 않다는 소문을 듣고 모두 연횡책을 배반하고 다시 합종책으로 돌아섰다. 대신들이 밤낮으로 장의를 헐뜯는 가운데 이번에는 제나라에서도 사자가 파견되어 진나라가 장의를 기용하는 것을 비난했다. 목숨이 위태로워진 장의는 두려워 무왕에게 제안했다.

"제게 좋은 생각이 있습니다."

그러자 왕이 물었다.

"어떠한 생각인가?"

장의가 대답했다.

"우리 진나라는 동쪽에 큰 변란이 있어야만 비로소 대왕께서 많은 영토를 얻을 수 있습니다. 지금 제나라 왕은 저를 원수로 여겨 미워합니다. 그는 제가 가는 곳으로 군대를 이끌고 쳐들어올 것입니다. 그래서 제가 위나라로 가려 하니 허락해 주십시오.

제가 위나라에 있다는 것을 알면 제나라는 반드시 대군을 일으켜 위나라를 공격할 것입니다. 두 나라 군사가 맞서서 서로 병력을 뺄 수 없게 되었을 때 대왕께서는 그 틈을 노리는 것입니다. 그때 한나라를 공격하여 삼천 지방에 진출하고 함곡관을 넘어 주나라에 압력을 가하면 주나라는 틀림없이 굴복하게 될 것입니다. 그렇게 되면 진나라는 천자를 끼고 천하의 지도와 호적을 보유하게 되니, 이는 천하의 왕이 되는 길입니다!"

무왕은 그 말이 옳다고 생각되어 장의에게 전차 30대를 주어 위나라로 가도록 했다. 그랬더니 과연 제나라는 대군을 출동시켜 위나라로 진격하게 했다. 겁에 질린 위나라 왕에게 장의가 말했다.

"걱정할 것 없습니다. 저에게 모든 일을 맡겨 주십시오."

그러고는 즉시 부하인 풍희를 초나라에 보내 초나라 사자라는 이름을 빌린 후 제나라로 가서 제나라 왕을 만나게 했다. 왕을 만나자 풍희가 말했다.

"대왕께서는 장의를 그렇게 미워하시면서 실제로는 진나라 왕으로 하여금 더욱 장의를 신임하도록 만들고 계십니다."

"그게 무슨 말인가? 과인은 장의를 미워하여 그가 가는 곳이라면 어디든 공격하기로 결심했다. 그런데 그것이 왜 그자의 신임을 높이게 된다는 말인가?"

그러자 풍희는 바짝 다가가 말했다.

"그렇기 때문에 더욱 장의의 신임이 높아지는 것입니다. 사실 장의는 위나라로 가기 전에 진나라 왕과 은밀히 약속했습니다.

'진나라로서는 동쪽 나라들이 싸울 때가 영토를 넓힐 수 있는 가장 좋은 기회이다. 지금 제나라 왕이 장의를 원수로 생각하는 것을 이용해 위나라와 제나라를 싸움 붙이고 두 나라가 병력을 빼낼 수 없는 상태가 되면 곧바로 한나라를 공격한다. 그런 후 함곡관으로 진출하여 다른 나라를 공격하지 않고 직접 동주로 진격한다. 이렇게 되면 주나라 천자는 반드시 굴복하게 된다. 진왕은 천자를 끼고 천하의 지도와 호적을 보유한다. 이는 천하의 왕이 되는 길이다.'

그러므로 진왕은 장의에게 수레를 30대 주고 위나라로 가게 한 것입니다. 지금 장의가 위나라에 가니 대왕께서는 과연 위나라를 공격하고 계십니다. 그렇다면 대왕께서는 대내적으로는 국력을 소모하고 대외적으로는 자기 우방 국가를 공격하는 것입니다. 적을 많이 만들고 위험에 놓이게 되었으니 이는 장의로 하여금 더욱 진나라 왕의 신임을 받도록 하는 것이 아니겠습니까?"

제나라 왕은 "그대의 말이 옳소." 하더니 곧 명령을 내려 군대를 철수하도록 했다. 그 후 장의는 1년 동안 위나라 재상을 지내다가 죽었다.

태사공은 말한다.

장의의 행위는 소진보다 더 나쁘지만, 세상 사람들이 소진을 미워하는 원인은 그가 먼저 죽어 장의가 그의 약점을 과장하여 드러내었고, 이로써 자기 주장이 정확하다는 점을 보여 주고 연횡의 책략을 이루어 냈기 때문이다.
결국 참으로 그들 두 사람이 천하의 국가들을 무너뜨리고 멸망시켰다고 할 수 있다.

9

장막에서
천 리 밖의
승리를
만들다

장량은 한고조 유방의 여러 참모 중 핵심인물로서 유방은 항상 그의 계책에 따라 움직였다. 무적 항우를 마지막으로 몰아넣었던 '사면초가^{四面楚歌}' 전술도 장량이 생각해 낸 것이었다.

통일을 이루고 난 뒤, 한고조는 자신이 천하무적 항우를 꺾을 수 있었던 데에는 장량의 공이 가장 컸다고 단언했다. 유방은 장량에 대하여 "군영의 장막 안에서 계책을 세워 천 리 밖의 승리를 결정했다."라고 평가했는데, 이 말은 중국에서 오늘날까지 뛰어난 군사참모에게 할 수 있는 가장 대표적인 찬사가 되었다.

장량의 책략은 겉으로는 매우 평범해 보이지만, 뜻밖에도 실전에서 가장 효과적으로 작동했으며, 설득력이 강력한 논리가 되었다. 왜냐하면 그가 세상 이치와 흐름의 핵심을 꿰뚫어 알고 있었기 때문이다.

장량이 보여준 현명한 처세술 역시 본문의 주요 내용이다. 그는 "토끼 사냥이 끝나면 사냥개를 삶아 먹는다."라는 진리를 잘 깨닫고 있었고 '만족하는 법'을 아는 마음 상태를 유지하여 스스로 물러갈 때를 잘 알았다. 한신을 비롯한 소하, 장량 등 한나라를 세우는 데 큰 공을 세운 개국 공신 '3걸^{三傑}' 중 한신은 끝내 목숨을 잃었고 소하 역시 감옥에 갇힌 적이 있었으나 장량은 마지막까지 아무런 피해를 겪지 않았다. 무엇보다도 장량에게는 개인적 욕망이 없었다. 그는 항상 뒤에서 참모 역할에 만족하고 결코 앞에 나서지 않았다. 유방이 천하통일을 이룬 후 장량은 자신에게 하사된 엄청난 규모의 영지를 끝내 사양하고 스스로 벼슬자리에서도 물러나 도사^{道士}로 살면서 여생을 유유자적 즐기며 천수를 누렸다.

그는 전국시대 한^韓나라 출신이다. 그의 집안은 대대로 한나라 재상을 지낸 명문가였다. 하지만 장량이 조정에 나아가기 위해 열심히 학문을 닦던 중 진나라 진시황의 손에 조국 한나라가 멸망하고 말았다. 그 뒤 장량에게는 오직 멸망한 조국에 대한 애정이 있을 뿐이었다. 그는 힘센 장사를 고용하여 120근짜리 철퇴로 진시황을 암살하고자 했지만 애석하게도 실패하고 말았다.

이후 그는 유방 진영에 들어가 결국 조국을 망하게 한 진나라를 멸망시키는 데 큰 공로를 세웠고, 조국 한나라의 왕을 암살한 항우에 대한 보복도 끝내 해냈다. 장량이야말로 가장 유능하면서도 제일 깨끗하고 현명한 참모의 '표준'이 되는 인물이 아닐 수 없다.

신선에게
병법책을 받다

　　장량은 한韓나라의 재상 집안에서 태어났다. 할아버지 장개지와 아버지 장평 모두 한나라의 재상을 지냈다. 장량의 아버지가 세상을 떠난 지 스무 해가 지나 한나라는 진나라에 의해 멸망하고 말았다. 이때 장량은 나이가 어려서 벼슬은 하지 않았다.

　　한나라가 멸망할 때 장량의 집안은 일하는 사람만 해도 300명이나 될 정도로 큰 집안이었다. 장량은 많은 재산을 아낌없이 팔아 소문난 자객들을 모아들였다. 그 목적은 그의 조상이 5대에 걸쳐 재상을 지낸 한나라를 다시 일으키기 위해서 진시황을 죽이고 조상의 원수를 갚는 데 있었다.

　　장량은 힘이 장사인 젊은이를 구하여 그에게 무게 120근의 쇠망치를 만들어 주었다. 그 뒤 시황제가 동부 지역에 온다는 소식이 전해졌다. 장량은 젊은이와 함께 그곳으로 가서 쇠망치를 시황제의 수레를 향해 던졌다. 그러나 쇠망치는 빗나가 부하들이 타고 있던 수레에 맞았다. 시황제는 몹시 분노하여 반드시 범인을 잡으라는 명령을 내렸다. 장량은 이름을 바꾸고 얼굴도 다른 사람으로 꾸민 채 멀리 하비라는 곳까지 도망쳤다.

어느 날 하비에서 장량은 한가하게 다리 위를 걷고 있었다. 그때 다 해진 짧은 옷을 입은 한 노인이 장량 쪽으로 걸어왔다. 그 노인은 일부러 자기 신을 벗어 다리 밑으로 떨어뜨리고는 장량에게 말했다.

"이봐, 어린 친구! 내려가서 저 신발 좀 주워 오게."

장량은 크게 놀라 한 대 때려 주려다가 상대가 노인이었기 때문에 꾹 참고 신발을 주워 왔다. 노인에게 신을 주려 하는데 노인은 또 "신발을 신겨라."라고 말했다. 장량은 기왕 꾹 참고 신을 주워 왔으니 조금만 더 참아 보자고 생각하여 무릎을 꿇고 노인에게 신을 신겼다. 노인은 발을 내뻗어 장량으로 하여금 신을 신기게 하고는 빙그레 웃고 가버렸다. 장량은 너무 어이가 없어 쳐다보고만 있었다. 한참을 걸어가던 노인이 다시 돌아와 장량에게 말했다.

"어린 친구가 가르칠 만하군. 닷새 후 새벽에 여기에서 만나자."

장량은 그 노인이 매우 이상한 사람이라고 생각하면서도 무릎을 꿇으면서 "네!"라고 대답했다. 닷새 후 새벽에 장량이 약속 장소에 갔다. 하지만 그 노인은 벌써 와 있다가 크게 화를 내며 말했다.

"노인과 약속을 해놓고 어떻게 이렇게 늦을 수 있다는 말인가!"

그러면서 노인은 홀쩍 떠나며 "닷새 후 새벽에 다시 한 번 오너라!" 라고 말했다.

닷새 후 장량은 첫닭 우는 소리와 동시에 그곳에 나타났다. 그러나 이번에도 역시 노인이 먼저 와 있었다. 노인은 또 화를 내며 "왜 또 늦었느냐?"라고 하더니 "닷새 후 다시 좀 빨리 오너라!"라고 말했다.

닷새 후, 장량은 이번엔 아예 한밤중에 그곳으로 갔다. 잠시 후 나타난 노인은 껄껄껄! 웃으면서 "마땅히 이렇게 해야지."라고 말하더니 품속에서 책 한 권을 꺼내 주었다.

"이 책으로 공부하면 제왕의 스승을 할 수 있다. 10년 이후에는 이뤄질 것이다. 열세 해가 흐른 뒤 제북 지방에 와서 나를 만나라. 곡성산 아래에 있는 노란색 바위가 바로 나이니라."

말을 마치자 노인은 곧 사라졌고 이후 그 노인을 다시 볼 수 없었다. 날이 밝은 뒤 노인이 준 책을 보니《태공병법》이라는 책이었다. 장량은 그 내용에 흠뻑 빠져 항상 머리맡에 놓고 읽었다. 그는 하비에 서 살았다. 항우의 숙부 항백이 사람을 죽인 사건이 일어났을 때 장량이 그를 숨겨 보호해 준 것도 그 무렵의 일이었다.

군대의 장막에서
천 리 밖의 승리를 만들다

그로부터 10년이라는 세월이 흘렀다. 진승이 반란을 일으켰을 때 장량도 젊은이 100여 명을 거느리고 있었다. 패공 유방은 당시 군사 수천 명으로 하비의 서쪽 일대를 공격하는 중이었다. 이때 장량은 유留 지방에서 우연히 패공 유방을 만나게 되었다.

유방을 만나 몇 마디 말을 나눈 후 금방 사람됨에 반한 장량은 패공 유방의 진영에서 일하기로 작정했다. 그 후 장량은 노인에게 받은 《태공병법》을 인용하여 자주 유방에게 병법을 제안했다. 유방은 그를 매우 좋아하여 그의 말을 항상 받아들였다. 그때까지 장량이 다른 사람에게 《태공병법》을 말해 줘도 아무도 들어주지 않았었다. 그래서 장량은 '유방이야말로 하늘이 낸 인물임이 틀림없다'고 생각하게 되었다.

그 후 유방은 항량의 군대와 합치게 되었고, 항량은 회왕을 모셨다. 이때 장량은 항량에게 말했다.

"장군은 이미 초나라를 다시 일으켜 세우셨는데 한韓나라 공자인 성이 매우 현명하므로 왕으로 삼으셔서 힘을 키워야 합니다."

항량은 장량에게 한성을 찾도록 하여 왕으로 세우고 장량을 재상으로 임명했다. 장량은 한韓왕과 함께 군사 1000여 명을 이끌고 한나라의 옛 땅을 공격하여 여러 성을 되찾았다. 하지만 얼마 지나지 않아 진나라에 도로 빼앗기고 말았다. 장량은 계속 전쟁을 벌이면서 기회를 엿보았다.

그 뒤 유방이 낙양에서 남쪽으로 내려왔을 때 장량은 이들과 합쳐 옛 한韓나라의 성 10여 개를 되찾았다. 유방은 한왕 성에게 양책 지방을 지키도록 하고, 장량과 함께 다시 남쪽으로 내려가 완 성을 점령했다. 그러고는 다시 서쪽으로 방향을 바꾸어 진나라군을 무찌른 후 2만 군사로 진나라 군대를 공격하고자 했다. 그러나 장량이 말리고 나섰다.

"진나라 군대는 아직도 매우 강하므로 결코 가볍게 볼 수 없습니다. 제가 들은 바로는 적의 장수는 푸줏간 집 아들이라고 합니다. 장사꾼이란 원래가 재물에 약한 법입니다. 패공께서는 이대로 성안에 머물러 계십시오. 그리고 선발대를 보내서 근처의 산등성이에 수많은 깃발과 장대를 세워 군대가 많은 것처럼 꾸미십시오. 그다음에 역이기를 보내 적의 장수를 돈으로 꾀어 눈치를 떠보게 하시지요."

유방이 장량의 말대로 하자 과연 진나라의 장군은 진나라를 배신했다. 그러면서 유방과 손을 잡고 진나라가 준비하지 않는 틈을 타 함양을 공격하겠노라고 청해 왔다. 유방이 이것을 받아들이려 하자 장량이 말렸다.

"이는 진나라 장군이 뇌물을 받고 진나라를 배반하겠다는 것일 뿐입니다. 아마도 부하들은 그를 따라 진나라를 배반하지 않을 것입니다. 만약 부하들이 명령에 따르지 않으면 대단히 위험하지요. 차라리 진나라 장군이 마음을 놓고 있는 틈을 타서 그들을 공격해야 합니다."

유방이 이 의견을 받아들여 군사를 이끌고 진나라 군대를 공격했다. 장량의 말대로 마음을 놓고 있던 진나라 군대는 크게 패했다. 유방의 군대는 계속 도망치는 적을 뒤쫓아 남전이라는 곳에 이르렀다. 그곳에서 다시 전투를 벌여 진나라 군대는 완전히 항복하게 되었고, 유방은 마침내 진나라 수도 함양에 도착했다. 그러자 진나라 왕 자영은 성에서 나와 유방에게 항복했다.

유방이 진나라 궁전에 들어가 보니 궁전은 물론이고 장막, 보물, 심지어 개와 말에 이르기까지 모두가 엄청나게 화려했다. 특히 미녀 후궁들이 수천 명도 넘어 그 아리따운 모습에 너무나 기분이 좋아진 유방은 계속해서 그곳에만 머물려고 했다. 번쾌가 유방에게 궁 밖으로 나가서 살아야 한다고 권했지만 유방은 귀를 막고 아예 들으려 하지 않았다. 장량이 말했다.

"이제까지 진나라가 잔인한 짓을 저질렀기 때문에 우리가 이곳까지 쉽게 올 수 있었습니다. 아직 천하가 안정되지도 않았으며 또 진나라를 꺾으시려면 진나라와 반대로 검소하게 입고 먹는 것으로 만족하셔야 합니다. 지금 함양을 빼앗았다고 해서 보물과 미녀에 눈이 먼다면 폭군이라는 비난을 들을 수 있지요. 충성스러운 말은 귀에는 거슬리지만 결국 자기에게 이로우며 좋은 약은 입에는 쓰지만 병을 고친다고 합니다.* 바라옵건대 번쾌의 말대로 하여 주십시오."

🦋 이것을 충언역이어忠言逆於耳, 양약고어구良藥苦於口라고 한다.

이 말을 들은 유방은 금방 마음을 바꿔 되돌아가 패상에 머물렀다.

그 뒤 유방은 한왕漢王이 되어 파촉 지역으로 가게 되었다. 유방은 장량에게 황금 100근과 진주 2말을 상으로 주었는데, 장량은 이것을 모두 항백에게 주었다. 유방 역시 장량에게 많은 선물을 항백에게 보내도록 하면서 항우에게 부탁하여 한중 지역을 달라고 청하게 했다. 항우가 그러라고 하여 유방은 한중 일대의 땅을 얻게 되었다.

유방이 파촉으로 떠나갈 때, 장량이 함양에서 서남쪽으로 수백 리 떨어진 곳까지 배웅했다. 유방은 장량에게 한韓나라에 가도록 했다. 이 때 장량은 유방에게 말했다.

"지금까지 우리가 왔던 길을 없애서 온 세상 사람들에게 관중으로 돌아올 뜻이 없음을 분명하게 보여 주셔야 합니다. 또 그렇게 하여 항우의 마음도 안심시켜야 하지요."

유방은 곧바로 그곳을 모두 불태워 없앴다. 장량이 한나라에 도착했지만 항우는 장량이 패공 유방을 모셨기 때문에 그들이 손을 잡고 무슨 일을 꾸미지나 않을까 의심했다. 그래서 한왕韓王을 한성으로 돌려보내지 않고 자신을 따르게 하여 함께 계속 동쪽으로 가도록 했다. 그러자 장량이 항우에게 말했다.

"패공은 돌아오는 길을 모두 불태워 없앴습니다. 이것으로 볼 때 다시는 관중 지방으로 돌아올 마음이 없을 것입니다."

장량은 또 제나라가 반란을 일으킨 것을 항우에게 알렸다. 그러자 항우는 서쪽의 유방을 걱정하지 않게 되었고, 곧 북쪽으로 올라가 제나라를 공격했다. 그러나 항우는 끝내 한왕을 돌려보내지 않다가 결국 팽성에서 그를 죽였다. 장량은 곧 도망을 쳐 샛길로 몰래 유방에게 돌아갔다. 이때 유방은 진나라 영토 대부분을 점령하고 있었다. 장량은 유방을 따라 동쪽으로 나아가 항우를 공격했다. 그러나 팽성에서 한나라 군대는 크게 패하고 물러갔다.

그 뒤 유방이 말에서 내려 쉬면서 말안장에 기대어 선 채 장량에게 물었다.

"내가 함곡관 동쪽 땅을 다른 사람에게 주려 하는데, 과연 누가 나와 함께 천하를 다스릴 수 있겠소?"

그러자 장량이 대답했다.

"경포는 초나라의 용맹스러운 장군이지만 항우와 사이가 좋지 않고, 팽월은 제나라에서 반란을 일으켰지요. 바로 이 두 사람이 쓸 만한 인물입니다. 그리고 대왕 쪽의 장군 중에는 오로지 한신만이 큰일을 맡아 혼자서 한 분야를 책임질 수 있습니다. 만약 그 땅을 이 세 사람에게 주신다면 곧 초나라를 충분히 깨뜨릴 수 있지요."

유방은 곧바로 말솜씨가 좋은 수하를 보내 경포를 설득하도록 했고, 팽월에게도 사람을 보내 힘을 합하도록 했다. 또 뒤에 위왕 표가 반란을 일으켰을 때, 유방은 한신에게 군사를 이끌고 가서 그를 공격하도록 했다. 마지막에 항우를 꺾을 수 있었던 비결은 주로 장량이 추천한 이 세 사람의 힘 덕분이었다.

신하들의 불만이
많은 까닭은?

장량은 원래부터 몸이 약하고 병이 많았기 때문에 장군이 되어 군대를 이끈 적이 없었다. 그러나 군사전략을 내는 신하로서 늘 유방을 옆에서 모셨다.

천하가 통일된 후인 한나라 6년 정월에 공적이 있는 신하들에게 벼슬을 내렸다. 장량은 한 번도 전공을 세운 적이 없었다. 하지만 고조(천하통일 후 한왕 유방은 황제의 자리에 올랐는데, 뒷날 고조로 불렸다.)는 장량을 가장 큰 공을 세운 공신으로 인정했다.

"군대 막사 안에서 전략전술을 세워 천 리 밖에서 승리를 결정지은 것은 모두 장량의 공이오. 가장 기름진 땅인 제나라 땅 3만 호를 가지시오."

하지만 장량은 거듭해서 받지 않았다.

"처음에 저는 유留 지방에서 폐하를 뵈었는데, 이는 하늘이 저를 폐하께 주신 것입니다. 폐하께서 제 계책을 이용하셔서 운이 좋게도 우연하게 맞아떨어진 것입니다. 저는 이미 충분히 받았으며, 3만 호나 되는 땅은 받을 수 없습니다."

결국 장량은 유후로 임명되었다.

그런데 황제가 공이 있는 신하 스무 명에게 벼슬을 내렸으나, 그 나머지 사람들은 밤낮으로 공을 다투는 바람에 결정하지 못하고 있었다.

한고조 유방이 낙양에 머물던 어느 날 대궐에서 문득 내려다보니 장군들이 여기저기에서 무리지어 앉아 쑥덕거리고 있었다. 유방이 장량에게 물었다.

"지금 저 사람들은 무슨 얘기를 나누는 거요?"

"폐하께서는 아직도 모르시겠습니까? 반란을 꾸미는 중입니다."

"아니! 이제 천하가 안정됐는데 반란은 또 무슨 말이오?"

그러자 장량이 찬찬히 설명했다.

"폐하께서는 한낱 평민으로서 저 사람들을 부려 온 세상을 손에 넣으셨지요. 그런데 폐하께서 천자가 되신 지금 땅을 받은 사람들은 소하나 조참처럼 옛날부터 폐하 마음에 들었던 사람들뿐입니다. 반면 벌을 받은 사람들은 평소부터 폐하의 미움을 샀던 사람들이지요. 지금 폐하께서는 장군들의 공적을 살펴보는 중입니다. 하지만 필요한 땅을 주려면 천하의 땅을 모두 합해도 모자랄 지경입니다.

저들은 폐하께서 자기들에게 땅을 내리시지는 못할 것 같고, 거꾸로 과거 허물을 들춰 처벌하시지 않을까 두려워하지요. 그래서 저렇게들 모여 앉아 반란을 꾸미는 것입니다."

이 말을 들은 한고조 유방은 심각한 표정을 지었다.

"그러면 어떻게 해야 좋겠소?"

"폐하께서 평소에 가장 못마땅해하셨고 그 사실을 남들이 모두 아는 그런 인물이 있는지요?"

"그야 옹치라는 놈이오. 그놈은 나를 여러 번 골탕 먹였소. 지금이

한고조 유방을 도와 한나라를 세운 장량

라도 죽여 버리고 싶은데 공적이 크기 때문에 참는 중이오."

"그러시면 먼저 옹치에게 벼슬을 내리시고 여러 신하가 모인 자리에서 그것을 발표해 주셔야 합니다. 옹치에게도 벼슬이 주어졌다고 하면 다른 사람들도 저절로 조용해질 것입니다."

그 말을 들은 한고조 유방은 잔치를 베풀고 옹치에게 벼슬을 내렸다. 신하들은 모두 크게 기뻐했다.

"옹치에게도 벼슬이 내려졌는데 우리가 무슨 걱정이 있겠소?"

태자를 바꿀 수 없다

장량은 원래 몸이 약하고 병이 많았다. 그래서 그는 익힌 곡식을 먹지 않으면서 문을 닫아걸고 한 해가 넘도록 바깥출입을 하지 않았다.

이 무렵 한고조 유방은 지금의 태자 대신 척부인의 아들 여의를 태자로 삼으려 했다. 하지만 많은 신하가 반대하고 나서는 바람에 최후의 결정을 내리지 못했다. 황후인 여후는 크게 놀라 어떻게 해야 할지 알지 못하고 당황해했다. 이때 누군가 여후에게 말했다.

"장량은 계책을 세우는 데 가장 뛰어나고 황제께서도 그의 말이라면 무엇이든 믿습니다."

여후는 곧 장량을 불러 대놓고 비난했다.

"그대는 지금 황제께서 태자를 바꾸려고 하는데도 이렇게 모르는 척할 수 있다는 말이오?"

그러자 장량이 변명했다.

"처음에 황제께서 여러 차례 위험한 처지에서 운이 좋게도 제 생각을 받아들이셨습니다. 이제 천하는 안정되었고, 태자를 바꾸는 문제는 부모자식 간의 일입니다. 우리 신하 100여 명 모두 아무런 소용이 없는데, 더구나 저 혼자 어떻게 할 수 있겠습니까?"

그러나 여후는 계속 윽박질렀다.

"어떻게 하든 나를 위해서 방법을 생각해 내시오!"

장량은 조용히 눈을 감더니 이렇게 말했다.

"이 일은 단순하게 입으로 말한다고 해서 이뤄질 수 없지요. 지금 세상에 현명한 인물이 넷 있는데, 폐하조차도 그들을 불러올 수 없습니다. 이 네 분은 모두 나이가 많은데, 황제께서 사람을 무시하고 모욕하기 때문에 깊은 산속으로 도망쳐 숨어 살았지요. 그러면서 절개를 지켜 한나라의 신하 노릇을 하지 않고 있었습니다. 그러나 황제께서는 이 네 사람을 대단히 소중하게 생각하십니다. 지금 태자께서 편지를 한 통 공손하게 쓰고 말 잘하는 사람을 보내 간절히 청한다면 그들은 올 것입니다. 그들이 오게 되면 귀하게 대접하여 늘 태자와 함께 조정에 들어가 황제에게 그들을 보게 하십시오. 황제께서는 반드시 신기하게 여기시고 그들에게 물으실 것입니다. 황제께서는 이 네 사람이 현명하다는 것을 잘 알고 계시므로 태자에게 큰 도움이 될 것입니다."

여후는 곧 사람을 시켜 태자의 편지를 받들고 가서 이 네 노인을 잘 대접하도록 했다. 그 뒤 황제의 병이 심해지자, 황제는 하루빨리 태자를 바꾸려고 했다. 장량이 몇 번이고 말려 봤지만 황제는 고개를 가로 저을 뿐이었다. 장량은 병을 핑계 삼아 조정에서 물러나 밖으로 나오지 않았다.

어느 날 황제가 궁중에서 잔치를 열었을 때 태자가 황제를 모시게 되었다. 이때 네 노인이 태자를 모셨다. 나이는 모두 여든 살이 넘었고 수염과 눈썹은 모두 희었으며 옷차림새가 매우 신기했다. 황제가 신기하게 여겨 시종들에게 물었다.

"아니, 저 노인들은 누구인가?"

네 사람은 각기 동원공, 각리 선생, 기리계, 하황공이라고 자기 이름을 밝혔다. 황제는 깜짝 놀랐다.

"내가 그대들을 찾은 지가 벌써 몇 년이나 되었소. 그때 그대들은 한사코 나를 피해 숨더니, 오늘 그대들은 어떻게 하여 태자와 같이 있는 것이오?"

"폐하께서는 선비를 업신여기시고 욕을 잘하시므로 우리는 모욕을 당하고 싶지 않아 숨어 살 수밖에 없었지요. 저희는 태자가 어질고 선비를 잘 대접하여 모두 태자를 위해 희생하려 한다고 들었기 때문에 이렇게 왔습니다."

네 사람이 이렇게 말하자 황제가 말했다.

"내가 그대들을 귀찮게 했소. 귀찮으시겠지만 그대들께서 처음부터 끝까지 아무쪼록 태자를 잘 도와주시기 바라오."

네 사람은 술을 올리며 황제를 축하하고 예의를 갖춘 뒤 곧 물러갔다. 황제는 네 사람이 떠나는 것을 지켜보면서 한편으로 척부인을 불러 그 네 사람을 가리키며 말했다.

"나는 지금까지 계속 태자를 바꿔 보려고 했다. 그러나 저 네 사람이 태자를 도와 이미 날개가 돋아나 바꾸기가 어려울 것 같구나. 여황후는 정말 내일의 그대 주인이다!"

척부인이 이 말을 듣고 속으로 흐느끼자 황제가 탄식하며 말했다.

"그대는 일어나 나를 위하여 초나라 춤을 추시오. 내가 그대를 위하여 초나라 노래를 부르겠소."

그러고는 노래를 불렀다.

큰 고니 높이 날아
한번 나니 곧 천 리구나!
날개가 이미 다 자라나니
바다를 날 수 있도다.
바다를 충분히 날아다니니
그대는 또 어떻게 할 수 있겠는가.
활과 화살이 있다고 한들
그 무슨 소용 있을까!

황제는 이 노래를 몇 번이나 불렀다. 척부인은 한편으로 춤을 추고 한편으로 탄식을 하며 눈물을 흘렸다. 이렇게 마지막에 태자를 바꾸지 않은 까닭은 장량이 이 네 사람을 불러오게 한 때문이었다.

욕심을 버려
화를 피하다

그 무렵 장량은 항상 이렇게 말하곤 했다.

"우리 집안은 대대로 한韓나라 재상을 지냈다. 진나라가 한나라를 멸망시킨 뒤 나는 재산을 아까워하지 않고 강대한 진나라에 복수를 하여 온 세상을 놀라게 했다. 지금은 이 세 치 혀로 황제의 스승이 되어 제후 자리에 오르게 되었다! 이는 평민이 바랄 수 있는 최고 자리로 나로서는 이미 넘친다. 마지막으로 나는 모든 세상일에서 벗어나 신선들과 함께 사귀고자 할 뿐이다!"

그러고는 장량은 몸을 가볍게 하는 방법을 배웠다. 이때 마침 한고조 유방이 세상을 떠나자 여후는 장량의 은혜에 고마워하면서 강제로 그에게 식사를 하게 했다.

"인생이란 말이 문의 틈새를 지나치듯 짧은 것이오. 스스로 이렇게 힘들게 할 필요가 뭐 있겠소?"

장량은 어쩔 수 없이 그 명에 따라 음식을 먹기 시작했다.

그로부터 8년이 지난 뒤 장량은 세상을 떠났다.

장량이 예전에 《태공병법》을 받았던 그 노인이 말한 대로 정확히 13년 뒤 유방을 모시고 제북 지방을 지나갔다. 과연 곡성산 아래에 노란색 바위가 있는 것이 보였다. 장량은 곧 그 바위를 가지고 와서 보물처럼 소중하게 모셨다. 장량이 죽었을 때 노란색 바위도 그와 함께 묻혔다. 사람들은 장량만이 아니라 그 노란색 바위에도 제사를 지냈다.

10

사냥개와
사냥개를 부린
사람

소하는 한고조 유방에게 중요한 참모 중 한 명이었다. "흥해도 소하 때문이요, 망해도 소하 때문이다."라고 평가될 만큼 항우와 유방이 천하의 패권을 놓고 겨룰 때 소하가 수행했던 역할은 결정적이었다.

한고조 유방은 전선에서 연전연패, 고전을 거듭했다. 객관적으로 볼 때, 도저히 유방이 승리를 거두기는 어려웠다. 한마디로 이길 가능성이 전혀 없는 무리한 전쟁이었던 것이다. 그러나 유방의 뒤에는 소하라는 믿음직한 신하가 후방에서 버텨 주고 있었다. 소하는 후방을 착실하고 평온하게 안정시키면서 병력과 물자를 지속적으로 보내 주었다. 바로 소하의 그러한 후방 지원이 있었기에 마침내 한고조 유방은 천하무적 항우를 물리치고 전쟁에서 승리를 거둬 한나라를 세울 수 있었던 것이다. 그랬기에 유방은 천하를 손에 넣고 난 뒤, 비록 소하가 단 한 번도 전쟁터에 직접 나가 부상을 입거나 군사를 지휘하여 큰 공적을 세우지는 않았지만, 승리를 거두는 데 누구보다도 공적이 크다고 인정했던 것이다.

사마천은 본문에서 소하의 여러 모습을 다양한 눈으로 묘사했다. 예를 들어, 일찍이 한신이 도망갔을 때 한신이라는 인재를 놓치지 않기 위해 쫓아간 사건에서 그의 인재를 보는 안목과 인재를 아끼는 장점을 사실적으로 묘사했다. 동시에 천하통일 이후 여후와 짜고 한신을 체포하여 결국 죽게 만드는 장면에서는 그의 교활하고 이기적인 특징 역시 숨김없이 그려냈다.

하지만 소하가 한나라에 미친 커다란 영향은 비단 유방을 도와 한나라를 승리로 이끈 건국建國에서만 빛난 것이 아니었다. 소하가 세상을 떠난 뒤 조참이 소하의 재상 자리를 이었는데, 조참은 모든 일을 소하가 만든 방식대로 처리하겠다고 밝히고 어김없이 실행했다. 이로부터 소하가 정한 방식이나 규칙을 후임 조참이 전혀 고치지 않고 그대로 따랐다고 하여 '소규조수蕭規曹隨'라는 말이 생겼을 정도다.

유방의 뒤에
늘 소하가 있다

　　한나라 재상 소하는 유방과 같은 고향인 패현 풍읍 출신으로, 남과 비교할 수 없을 정도로 법률에 정통하고 집행에서 공평하여 현의 주리主吏(현령 아래에서 총무나 인사를 담당하는 하급 관직명)라는 하급 관리로 일하고 있었다.

　　같은 고을에 살던 유방이 아직 이름 없는 서민이었을 때 소하는 자기 관직을 이용하여 자주 그를 보호해 주었으며 유방이 정장亭長(정을 다스리는 조그만 벼슬)이 된 후에도 항상 그를 도왔다. 유방이 노역의 감독관이 되어 함양으로 떠나게 되자 다른 관리들이 노잣돈으로 유방에게 300전을 내놓았으나 소하는 선뜻 500전을 마련해 주었다.

　　한때 진나라의 어사가 공무를 감독하려고 지방에 와서 소하와 함께 일했는데, 소하는 언제나 일을 조리 있게 잘 처리했다. 뒷날 그에게 사수군의 졸사卒史(군의 관직 이름으로 열 명이 돌아가면서 일을 맡았다.)라는 직책이 주어졌는데, 그의 공무 처리 성적이 동료 중에서 제일이었다. 진나라는 소하를 황궁에 등용하고자 했으나 소하는 끝내 사양하고 가지 않았다.

유방이 군사를 일으켜 패공이 된 후부터는 소하가 그 아래에서 줄곧 일상 사무를 처리하게 되었다. 또한 패공이 진나라를 무찌르고 함양에 들어갔을 때 남들은 앞을 다투어 보물 창고로 뛰어들었지만 소하만은 금은보화 따위는 거들떠보지도 않고 오직 진나라 승상과 어사대부가 보관하고 있던 법령과 각종 도서 및 문헌들을 손에 넣고 정리했다. 그 후 패공이 한왕에 책봉되었을 때 소하는 승상에 임명되었다.

진나라가 멸망할 때 항우는 제후들과 함께 함양 시내를 모조리 불살라 버리고 떠났다. 그러나 한왕이 훗날 전국 각지의 요새를 비롯하여 인구 상황과 각지의 군사 배치 그리고 백성의 고충 등을 자세하게 알 수 있었던 것은 모두 소하가 진나라의 문서와 정보를 완벽하게 수집하고 정리했기 때문이다.

대장군 한신을 등용하라고 진언한 이도 소하였다. 그의 추천으로 한왕은 한신을 대장군에 임명했다. 한왕이 동쪽으로 진군하여 3진三秦 지방을 정복할 때 소하는 승상으로서 후방에서 파와 촉 지방을 다스리고 백성에게 선정을 베풀며 정령을 공포하고 전방의 군대를 위하여 군

량을 공급했다.

한왕 2년(기원전 205년), 한왕이 제후들과 함께 초나라를 공격할 때 소하는 관중에 머무르며 태자를 받들고 수도 역양에서 정무를 잘 처리했다. 그는 각종 법령과 제도를 제정하고 종묘와 사직, 궁전을 잘 유지했는데, 항상 먼저 한왕에게 보고하고 한왕 역시 늘 이를 비준하여 시행하도록 했다. 시간이 급하여 미처 보고하지 못할 경우에는 가장 적절한 방법으로 우선 처리한 뒤 한왕이 돌아왔을 때 다시 보고했다.

소하는 항상 관중의 가구 수와 인구를 정확히 파악했으며, 수로와 육로로 군량미를 운송하여 전방에 있는 군대에 제공했다. 한왕은 자주 패하여 병력 손실이 적지 않았으나 소하가 그때마다 관중에서 병력을 징발하여 한왕의 군대를 보충해 주었다. 이렇게 하여 한왕은 관중의 모든 사무를 소하에게 맡겼다.

그 이듬해 고조는 항우와 맞서 일진일퇴의 어려운 싸움을 되풀이했는데 그러한 고난 속에서도 후방으로 자주 사자를 보내어 소하의 노고를 위로하곤 했다. 이때 포생이라는 자가 소하에게 충고했다.

"몸소 전쟁터에 나가 계신 대왕께서 모진 비바람과 찌는 듯한 더위 그리고 살을 에는 혹한에 시달리면서도 후방에 있는 승상에게 자주 사자를 보내어 노고를 위로한다는 것은 한편으로는 심상치 않은 일입니다. 어쩌면 승상에게 의심을 품고 있다는 증거일 것입니다. 그러니 제 말씀에 일리가 있다면 이렇게 한번 해보시면 어떻겠습니까? 승상의 가족과 친척 중에서 전쟁터에 나가 싸울 수 있는 자는 모조리 선발해 보내는 것입니다. 그렇게 하시면 승상에 대한 신임이 지속되고 더욱 깊어지실 것입니다."

소하는 포생의 계책을 받아들여 그대로 시행했고 과연 한왕은 크게 기뻐했다.

사냥개와 사냥개를
부린 사람

한나라 5년(기원전 202년), 이미 항우를 격퇴하고 천하를 평정한 한왕 유방이 논공행상을 하게 되었다. 그러나 신하들이 각기 자기 공적을 내세웠기 때문에 1년이 넘도록 매듭을 짓지 못했다. 마침내 고조는 최고의 공적을 세운 자는 소하라고 선포하고 그에게 가장 넓은 땅을 내렸다. 그러자 공신들이 입을 모아 불평을 늘어놓았다.

"우리는 목숨을 걸고 제일선에 나아가서 많은 사람은 백 수십 번, 적은 사람도 수십 번씩은 전투를 겪었습니다. 그 공적에 차이는 있을지언정 누구나 성을 공격하고 땅을 빼앗는 싸움을 치러 온 것입니다. 그러나 승상 소하로 말하자면 단 한 번도 싸움터에 나가 본 일이 없고 다만 후방에서 책상머리에 앉아 붓대나 놀리면서 문서 쪽지만 뒤적거렸을 따름 아니었습니까? 그런 사람이 어찌 우리보다 윗자리의 대접을 받아야 한다는 말인지요?"

그러자 고조가 대답했다.

"귀공들은 사냥이라는 것을 아오?"

공신들이 "물론 알고 있습니다."라고 대답하자 고조는 "그렇다면 사냥개가 무엇인지도 알고 있겠군."이라고 말했다. 이번에도 공신들이 "그렇습니다."라고 대답하니 고조가 말을 이었다.

"사냥을 할 때 짐승을 쫓아가서 잡는 것은 사냥개이지만 그 개의 끈을 풀어 주어 달려 나가게 하는 것은 사람이오. 그대들은 도망치는 짐승을 쫓아가서 잡아 온 셈이니 공을 따지더라도 사냥개의 공이라고 할 수 있소. 그에 비하면 소하는 그대들의 끈을 풀어 주어 뛰게 한 자니, 이는 요컨대 '사람'의 공적이오.

그뿐만이 아니라 그대들은 대부분이 그대의 몸 하나만을 가지고 짐을 따라온 것이었소. 그런데 소하는 자기 일족 중 싸울 수 있는 젊은이들 수십 명을 뽑아 전쟁터에 내보냈소. 그 공도 또한 무시할 수 없는 것이오."

이 말을 들은 공신들은 아무도 입을 열지 못했다.

제후들에 대한 영지 분배가 끝나고 이번에는 서열 문제가 제기되었다. 그러자 대신들은 모두가 입을 모아 아뢰었다.

"조참 대감은 몸에 70여 군데 상처를 입도록 싸웠을 뿐만 아니라 그 공로 또한 누구보다 큽니다. 그분이야말로 제1위에 해당합니다."

고조는 이미 공신들의 불만을 꺾고 소하에게 가장 큰 영지를 내준 일이 있으므로 서열 문제에 관해서는 공신들의 주장을 반박할 마땅한 이유를 찾아내지 못했다. 그렇지만 마음속으로는 역시 소하를 첫째 자리에 앉혔으면 하고 생각했다. 그때 고조의 눈치를 알아챈 악군이라는 신하가 앞에 나서서 말했다.

"여러 신하의 주장은 모두 틀렸습니다. 과연 조참 대감으로 말하면 대단한 업적을 세우셨습니다. 그러나 그것은 일시적인 공에 지나지 않습니다. 좀 더 넓은 안목을 가지고 한번 생각해 보십시오. 폐하께서는 항우와 싸우시던 5년 동안 싸움에 패하여 부하를 잃고 폐하 혼자서 탈출하셨던 일도 여러 차례였습니다. 그때마다 소하 대감은 관중에서 병사들을 모아 파견함으로써 일선의 군대를 보충했고, 폐하의 병력 동원 명령을 받지 못할 경우에도 그는 여러 차례에 걸쳐 병사 수만 명을 폐하에게 파견해 주었습니다.

또한 형양성에서 한나라와 초나라 양군이 여러 해에 걸쳐 지겨운 공방전을 벌일 당시에도 식량이 떨어질 만하면 관중에서 보급이 오곤 하여 배고픔을 모르고 싸울 수 있었습니다. 또 폐하께서는 산동에서도 여러 번 패하셨습니다만, 소하 대감은 폐하께서 언제든지 돌아오셔서 재기의 터전을 잡을 수 있도록 관중을 끝까지 지키고 있었습니다. 이 것이야말로 만세에 빛나는 영원한 업적입니다.

조참 대감 같은 분을 수백 명 잃었다 해도 우리 한나라에서는 커다란 손실이라 할 수 없을 것입니다. 또한 한나라에 조참 대감 같은 분들이 있다고 해서 그것에만 의존하여 반드시 한나라의 방위에 만전을 기할 수 있다고 할 수 없습니다. 어찌 일시적인 공을 만세에 이르는 공보다 높이 평가할 수 있겠습니까? 소하 대감을 제1위, 조참 대감을 그다음으로 정하는 것이 옳다고 생각합니다."

그 말이 끝나자마자 고조는 기뻐하며 말했다.

"과연 악군의 말이 옳소. 그의 말대로 하는 것이 좋겠소."

그리하여 소하에게는 큰 특전이 주어졌다. 왕의 처소에 오를 때도 신을 벗지 않고 칼을 차는 것이 허용되었으며 궁궐에 들어와 황제를 뵐 때 보통 신하와 달리 종종걸음을 치지 않아도 된다는 특별대우를 받게 된 것이다.

고조는 또한 "인재를 추천한 자도 후한 상을 받을 만하다고 들었소. 소하의 높은 공적도 악군의 추천이 있어 더욱 빛나게 된 것이오."라고 말하고는 악군의 벼슬도 한 등급 올려 주었다. 소하의 형제 10여 명에게도 각기 영지를 주었다. 그뿐만 아니라 소하에게는 따로 영지 2000호를 더 내렸다.

이로써 한고조 유방은 그 옛날 노역 감독관으로서 함양으로 떠날 당시, 소하가 다른 사람들보다도 200전이 더 많은 사례금을 자기에게 준 일을 보답한 것이다.

몸을 온전하게
보전하는 방법

고조 11년(기원전 196년), 진희라는 자가 한단 지방에서 반란을 일으켜 고조가 직접 토벌에 나섰다. 토벌을 미처 마치지 않았을 때 이번에는 관중에서 한신이 모반을 일으켰는데, 여황후가 소하의 계략에 따라 한신을 처치했다. 고조는 이 보고를 받자 사자를 파견하여 소하를 승상에서 상국으로 승진시키고 영지 5000호를 더 하사하는 한편 호위병 500명을 소하에게 붙여 주고 도위 한 명으로 하여금 상국의 호위를 담당하도록 했다.

그러자 많은 신하가 모여 소하의 지략을 칭찬했지만, 유독 소평이라는 자만이 가시 돋친 말을 했다. 소평은 진나라 시대에 동릉후를 지내다가 서민이 된 사람이었다. 그는 원래 장안의 동쪽 변두리에서 참외를 심어 근근이 살아갔는데 그 참외의 맛이 뛰어나 '동릉 참외'라는 소문이 널리 퍼졌다. 그가 동릉후였으므로 그런 별명이 생긴 것이다.

상국이 된 소하에게 소평이 말했다.

"이번 일은 대감에게 재난의 화근이 될지도 모릅니다. 아시겠습니까? 폐하께서는 전쟁터에 나가 계시고 대감은 나라 안에서 집이나 보고 있었습니다.

화살 한 번 맞아 보지 않은 대감에게 영지를 더 내리셨을 뿐만 아니라 호위병까지 붙여 주셨는데 그건 무엇 때문일까요? 한신이 모반을 꾀했기 때문에 이제 승상 대감까지도 의심하시게 된 것입니다. 호위병을 붙인 것은 결코 대감을 위해서가 아닙니다. 차라리 영지를 사양하고 대감의 모든 재산을 처분하여 군비로 바치시는 편이 대감의 자리를 오래도록 보전하는 길일 것입니다. 그렇게 하시면 폐하께서도 마음을 놓으실 것입니다."

그 말을 듣고 그럴듯하다고 여긴 소하가 소평의 충고대로 하자 과연 고조는 크게 기뻐했다.

고조 12년 가을, 경포가 반란을 일으키자 고조는 이번에도 몸소 군사를 거느리고 토벌에 나섰다. 그런데 일선에 나가서도 고조는 여러차례 사자를 파견하여 상국 소하가 무엇을 하는지를 물었다. 소하는 황제가 없는 동안 정치에 힘써 백성들을 다스리고 진희의 반란 당시와 마찬가지로 군수품을 조달하기 위해 모든 시간을 다 보냈다. 그때 그의 집안에 머물던 한 선비가 소하에게 말했다.

"이렇게 가다가는 아무래도 머지않아 대감께서는 가족이 모조리 죽음을 당하실 듯합니다. 본래 대감께서는 상국 지위에 있고 국가에 대한 공적도 가장 많습니다. 설마 더 높아지기를 바라시지는 않으시겠지요? 게다가 대감께서는 10여 년 전 관중에 들어올 때부터 민심을 완전히 사로잡았습니다. 민심은 대감을 따르고 있고 대감께서도 항상 성실하게 일을 처리하여 백성들의 높은 인기를 얻게 되었습니다. 폐하께서 자주 사람을 보내셔서 대감의 사정을 묻는 이유는 대감께서 자신의 명성을 이용하여 혹시 관중을 어지럽히지나 않을까 걱정하기 때문입니다.

그러니 대감께서 많은 논밭을 사들이면서 그것도 싸게 사들이고 돈놀이도 크게 해서 대감에 대한 백성들의 인기를 스스로 떨어뜨리십시오. 그렇게 되면 폐하께서도 비로소 안심하실 것입니다."

소하는 그의 계책을 받아들였다.

이윽고 고조는 경포의 난을 토벌하고 장안으로 돌아왔다. 그런데 고조가 돌아오는 길에 백성들이 길을 막고 고소장을 올렸다. 그 내용은 상국 소하가 백성들의 논밭을 돈으로 따져 1만 금 가까이나 강제로 사들였다는 것이었다.

소하가 입궐하자 고조는 빙긋이 웃으며 "상국의 지위에 있으면서 백성들의 재산을 착취했군. 자기 혼자의 이익을 위해서 말이야!"라면서 사람들의 고소장을 모두 넘겨주었다. 그러면서 "상국이 직접 나서서 사과하는 편이 좋을 것이오."라고 말했다.

소하가 이 기회를 틈타 백성들을 위하여 "장안에는 농지가 매우 부족한 형편입니다. 그런데도 궁궐에는 광대한 토지가 놀고 있습니다. 이것을 백성들에게 개방하여 주십시오. 그리고 농작물을 거둬들일 때 짚을 베지 말고 그대로 두게 하면 새나 짐승의 먹이로 될 것이므로 두루 좋은 일이 될 것입니다."라고 아뢰었다.

그러자 고조는 몹시 화를 냈다.

"상국이 상인들의 뇌물을 많이 받아먹었구나. 짐의 상림원을 내놓으라니!"

이렇게 말하고는 소하를 정위에게 넘겨 당장 족쇄와 수갑을 채워 감옥에 가두라고 명령했다.

그 후 며칠이 지나 왕씨 성을 가진 호위 장군이 고조를 수행하다가 "상국께서는 무슨 무거운 죄를 지어 별안간 감옥에 갇히셨는지요?"라고 묻자 고조가 대답했다.

"진나라의 대신이던 이사는 좋은 일은 모두 군주의 덕으로 돌리고 나쁜 일은 모두 자기 탓으로 돌렸다고 들었다. 그런데 소하란 자는 상인들에게 뇌물을 받아먹고는 오히려 짐의 상림원을 개방하라고 주장함으로써 백성들의 인기나 얻으려고 꾀하고 있다. 그래서 짐은 그를 잡아서 죄를 다스리려고 한다."

이 말을 들은 호위 장군이 말했다.

"폐하의 그 말씀은 납득하기가 어렵습니다. 자기 직무의 범위 안에서 백성에게 보탬이 될 만한 일을 요청한다는 것은 재상으로서 당연한 일이 아니겠습니까. 그런데 어찌 상인들에게 뇌물을 받아먹었다고 의심하시는지 모르겠습니다.

승상으로 말씀드리자면 폐하께서 몇 해 동안이나 전쟁터에 나가 계실 때나 진희와 경포의 반란을 진압하러 나가셨을 때에도 줄곧 관중을 지키던 분입니다. 승상께서 만일 그럴 생각만 품었다면 벌써 관중을 손에 넣었을 것입니다. 그런 기회조차 이용하지 않았던 승상께서 이제 와서 장사치의 뇌물 따위에 한눈을 팔겠습니까? 진나라의 예를 드셨습니다만 진나라야말로 충신의 말에 귀를 기울이지 않았기 때문에 천하를 잃은 것입니다. 이사도 간신 패거리 중 한 사람인데 어찌 본보기가 되겠습니까?"

그 말에 고조는 매우 불쾌했다. 그러나 그 말이 모두 틀림이 없는지라 당장 명령을 내려 소하를 풀어 주었다.

이 무렵 소하는 이미 나이가 많았다. 평소에도 공손하고 신중했던 그는 더욱 공손한 태도로 입궐하여 황제를 뵐 때 맨발로 걸으면서 사죄했다. 그러자 고조가 말했다.

"상국은 그렇게 하지 마시오. 상국은 백성을 위해 놀고 있는 상림원 땅을 간청했고 짐은 허락하지 않았소. 이로써 짐은 걸왕이나 주왕과 같은 폭군이 되었고 반면에 상국은 현명한 재상이 된 것이오. 짐이 일부러 상국을 감옥에 가둔 것도 실은 백성들로 하여금 짐의 잘못을 알도록 하자는 것이었소."

소하는 평소 조참과 사이가 좋지 않았다. 소하가 병이 들자 효혜제(유방의 아들, 한나라 2대 황제)는 친히 상국의 병세를 보러 와서는 물었다.

"그대가 만약 죽는다면 누가 그대를 대신할 수 있겠는가?"

소하는 "신하를 아는 것은 군주보다 나은 사람이 없습니다."라고 대답했다. 효혜제는 소하가 조참과 사이가 좋지 않다는 것을 알면서도 "조참은 어떤가?"라고 묻자 소하는 머리를 조아리며 "폐하께서 참으로 잘 보셨습니다. 이제 신은 죽어도 여한이 없습니다!"라고 말했다.

소하는 밭과 집을 살 때 반드시 외딴곳에 마련했고, 집을 지을 때에도 담장을 치지 않았다. 그러면서 그는 "후대의 자손이 현명하다면 나의 검소함을 배울 것이고, 현명하지 못하더라도 권세 있는 사람에게 빼앗기지는 않을 것이다."라고 말했다.

효혜제 2년(기원전 193년), 소하는 세상을 떠났다. 그러나 자손 중 죄를 범하여 신분을 박탈당하는 자가 생겨 4대로서 가문이 멸망하게 되었는데도 황제는 널리 손을 써서 그의 혈통을 찾아내 벼슬을 잇도록 했다.

태사공은 말한다.

소하는 진나라 때 일개 아전에 불과했고, 평범하여 특별한 공적은 없었다. 한나라가 일어나자 황제의 권위에 의지하여 그 직책을 충실히 수행했으며, 백성들이 진나라의 법을 미워하는 것을 알고 그것을 시대에 맞추었고 아울러 다시 새롭게 했다.

한신과 경포 등은 모두 죽음을 당했지만 소하의 공적은 찬란했다. 그 지위는 신하 중에서 최고였으며 그 명성은 후세까지 이어졌다.

11

꾀주머니라
불린 인물

진평이라는 인물은 대단히 복잡한 인물이다. 그는 한고조 유방을 위하여 여러 차례 계책을 내어 항우를 물리치고 한나라를 수립하는 데 큰 공을 세웠다.

사마천은 진평의 탁월한 지략을 두 가지 측면에서 분석했다. 하나는 한고조 유방을 위한 계책으로 한나라 유씨 정권 유지를 위한 방책이었고, 다른 하나는 자기 처신을 위한 것이었다. 예를 들어, 진평은 번쾌를 죽이라는 명령을 받지만 자신의 뒷날을 생각하여 번쾌에게 중죄를 내리지 않고 단지 체포했을 뿐이다. 그러나 진평은 여기에 그치지 않고 한고조의 부인 여후의 세력인 번쾌의 아내 여수가 힘을 발휘할 수 없도록 미리 손을 써서 한나라 유씨 권력을 보전했다.

사마천은 본편의 여러 곳에서 유방이 "기묘한 계책을 써서"라는 표현을 사용하면서 진평의 '비책'을 언급하고, 또 그것이 "세상에 알려지지 않았다."라고 서술했다. 사마천은 또한 진평의 계책이 문제를 해결하고 나라의 어려움을 이겨 내는 역할을 정확하게 수행한 점에 대해서는 긍정적으로 평가했다. 그러나 그러한 음모로 다른 사람을 해치고 자신의 이익을 보전하는 데 이용했다는 점을 냉정한 눈으로 비판했다. 역사를 단순한 시각이 아닌, 다양한 관점으로 기술하는 사마천의 '겹눈'이 돋보이는 대목이다.

아직 항우와 전쟁이 진행되고 진평이 유방을 위하여 헌신할 때, 주위에서 갖가지 비방이 쏟아졌다. 당시 진평의 논리는 냉정했다.

"의심이 나는 인물은 처음부터 기용하지 말 일이다. 그러나 일단 기용하면 그를 의심하지 말 일이다."

유방은 진평의 (도덕이 아니라) 능력을 신뢰하여 그를 가까이 둠으로써 그의 계책으로 천하를 얻을 수 있었고, 또 자신의 목숨도 거듭 구했다. 무릇 어떤 일이든 의심 속에서는 성공할 수 없다. 의심이 나면 처음부터 가까이하지 않을 일이다. 그러나 유능함이 반드시 도덕과 동행하지는 않는다.

다섯 번 과부 된 여자를
아내로 맞다

진평은 젊을 적에 집안이 가난하여 형의 집에서 살았다. 그런데 형 진백은 진평의 재주를 알아보고 자기는 힘든 농사일을 하면서도 진평에게는 도시에 나가서 공부하도록 했다. 진평은 기골이 우람했고 생김새가 당당했다. 사람들은 "집안이 찢어지게 가난한데 무엇을 먹고 저렇게 살이 쪘을까?"라면서 수군거렸다. 진평의 형수는 집안일에 전혀 관심이 없는 그를 매우 미워했다. 형수가 말했다.

"저렇게 밥이나 축내는 시동생이라면 차라리 없는 게 낫겠어요!"

그러자 진백은 크게 화를 내면서 곧장 아내를 쫓아 버렸다.

진평이 다 커서 장가갈 때가 되었다. 부잣집에서는 아무도 그에게 딸을 시집보내려 하지 않았고 가난한 집의 딸은 그가 내키지 않아 했다. 이 무렵 옆동네에 장부라는 부자가 살고 있었다. 그런데 그의 손녀는 시집만 가면 남편이 죽어 무려 다섯 번이나 과부가 되었다. 평소 그 손녀에게 마음을 두고 있던 진평은 장부를 찾아가 말했다.

"손녀를 제게 주십시오."

장부는 아무 대답도 없이 그저 듣고만 있을 뿐이었다.

어느 날 이웃 동네에 초상이 나서 진평이 그 집에 가 일을 돕고 있었다. 그때 마침 장부도 왔다가 진평을 눈여겨보았다. 진평은 이를 눈치채고 핑계를 대어 상가를 나와 집으로 돌아왔다. 장부는 몰래 진평의 뒤를 밟았다. 진평이 들어간 곳은 허름한 초가였고 대문도 고작 거적때기로 가린 것이었다. 하지만 집 앞에는 귀한 손님들이 다녀 수레 자국이 많이 나 있었다. 장부는 그것을 보고 고개를 끄덕였다.

장부는 그 길로 집에 돌아가 큰아들을 불러 말했다.

"네 딸을 진평에게 주었으면 하는데, 어떻겠느냐?"

그러자 아들이 반대했다.

"진평은 가난한 주제에 일도 하지 않아 모두 욕하는 자인데, 하필 그런 사람에게 딸을 주라는 말씀인지요?"

그러나 장부는 고개를 가로저었다.

"진평처럼 훌륭한 용모를 지녔으면서도 평생 가난하게 지낼 사람이 있겠느냐?"

그러면서 마침내 손녀를 진평에게 시집보내기로 했다. 진평이 가난했기 때문에 장부는 그에게 돈을 주어 약혼하게 했고, 또 술과 고기 살

고기를 공평하게 나누는 진평

돈을 주어 아내를 맞게 했다. 그리고 장부는 손녀를 타일렀다.

"진평이 가난하다고 하여 소홀하게 섬기지 마라. 그리고 시숙 섬기기를 아버님 섬기듯 하고, 형님 섬기기를 어머님 섬기듯 하라."

진평은 장부의 손녀에게 장가를 든 후 재물이 나날이 넉넉해졌고 사귀는 사람도 많아졌다.

진평이 사는 마을이 조상을 모시는 제사를 지내게 되자 진평이 그 일의 책임자가 되어 고기를 공평하게 나누었다. 그러자 동네 어른들이 말했다.

"진평 저 젊은이가 고기 분배를 아주 잘한다!"

진평이 혼자 탄식했다.

"아! 만약 나에게 천하를 다스리게 한다면 마치 이 고기들을 분배하듯 할 텐데!"

믿을 수 없는 사람을 믿는 이유

그 후 진승이 반란을 일으켜 원래 위나라 땅이었던 곳을 점령한 뒤 위구라는 사람을 내세워 위나라 왕으로 삼았다. 이때 진평은 형과 작별하고 위나라에 찾아가 왕을 만났고, 왕은 그에게 벼슬자리를 주었다. 진평은 이제야 자기의 큰 뜻을 펼 기회라 생각하여 왕에게 여러 가지 좋은 의견을 냈으나 받아들여지지 않았다. 오히려 그를 헐뜯는 자들이 많아 결국 진평은 몰래 떠났다.

몇 년 뒤 항우의 군대가 황하까지 진출했다. 진평은 청년 수백 명을 이끌고 항우의 군대에 가담하여 그를 따라 관중으로 들어가 진나라 군대를 격파했다. 항우는 진평에게 벼슬을 내렸다.

그런데 평소부터 부하들에게 의심이 많았던 항우는 그 뒤 어떤 문제를 오해해서 진평을 죽이려 했다. 진평은 매우 두려워하여 오직 칼한 자루만 지닌 채 몰래 도망을 쳤다. 진평은 가까스로 강까지 도망쳐서 겨우 나룻배를 타게 되었다. 그런데 뱃사공은 첫눈에 그가 도망치는 장군임을 알아보았다. 그는 진평이 분명 많은 보물을 몸에 지니고 있을 것이라 생각했다. 그래서 기회를 봐서 진평을 없애고 재물을 빼앗을 궁리를 했다. 진평은 그러한 사공의 마음을 눈치채고 일부러 옷을 모두 벗은 후 같이 노를 저었다. 그러자 뱃사공도 비로소 그가 몸에 아무것도 지닌 것이 없음을 알고 딴마음을 품지 않았다.

이렇게 하여 탈출에 성공한 진평은 한나라 유방에게 항복했다. 이때 진평 등 일곱 사람이 함께 유방을 만났는데, 유방은 그들에게 술과 음식을 내리면서 말했다.

"음식을 먹고 난 후 숙소로 가서 쉬도록 하라!"

그러자 진평이 큰 소리로 말했다.

"저는 중요한 일 때문에 왔으므로 제가 드려야 할 말씀은 오늘을 넘길 수가 없습니다."

유방이 진평과 함께 말을 해보고는 기뻐하면서 물었다.

"그대는 초나라에 있을 때 무슨 벼슬을 했는가?"

"도위였습니다."

진평이 대답했다. 유방은 곧바로 진평에게 높은 벼슬을 주어 장군들을 감독하는 일을 맡게 했다. 그러자 장수들의 불만이 터져 나왔다.

"진평이라는 자는 한낱 떠돌이에 지나지 않으며, 위나라에서도 쫓겨난 신세입니다. 그러한 자에게 장군들에 대한 감독을 맡기다니요? 말도 안 됩니다."

그러나 유방은 그 소리를 듣고 진평을 더욱 가까이했다. 이 무렵 여러 장군이 진평을 헐뜯었다.

"진평이 비록 용모가 빼어나지만 모자 위에 옥을 장식한 것과 같을 뿐, 그 속에는 아무것도 없습니다. 진평은 처음에 위나라를 섬겼으나 받아들여지지 않자 도망하여 초나라에 붙었습니다. 초나라에서도 뜻대로 되지 않자 다시 도망하여 우리 한나라에 붙었습니다. 더구나 진평은 여러 장군에게 황금을 받았는데 황금을 많이 준 사람은 잘 봐주고 적게 준 사람은 대우를 안 했다고 합니다."

유방이 진평을 불러 물었다.

"그대는 위나라를 섬기다 마음이 맞지 않자 초나라로 갔고, 지금은 또 나를 섬기고 있다. 신용 있는 사람은 원래 이렇게 여러 마음을 품는 것인가?"

그러자 진평이 대답했다.

"제가 위나라에 있을 때 왕이 제 말을 활용하지 않았으므로 위나라를 떠나서 초나라로 갔습니다. 그런데 항우가 다른 사람을 믿지 못하는 것을 보고 저는 다시 초나라를 떠났습니다. 대왕께서는 사람을 잘 보고 쓰신다는 소문이 있었기 때문에 대왕께 온 것이지요. 저는 맨손으로 온 탓에 여러 장군이 보내 준 황금을 받지 않고는 쓸 돈이 없었습니다. 만약 제 계책 가운데 쓸 만한 것이 있다면 대왕께서 사용해 주십시오. 만약 쓸 만한 것이 없다면 황금이 아직 그대로 있으니, 관청으로 보내고 저를 물러나게 해주십시오."

이 말을 들은 유방은 곧바로 진평에게 사과하고 오히려 많은 상을 내렸다. 그리고 그의 벼슬을 더 올려 모든 장군을 감독하게 하자 장군들은 감히 더 말을 하지 못했다. 진평은 많은 황금을 뿌리면서 초나라 군대에 간첩을 많이 보내고 헛소문을 지어내 항우와 초나라 장수들을 이간질했다. 항우와 범증을 이간질해 마침내 범증이 죽게 한 것도 진평이 꾸민 일이었다.

재상과 장군이
힘을 합하다

천하가 통일된 뒤 진평은 여전히 '꾀주머니'로서 그 역할을 다했다. 특히 한고조 유방이 흉노를 공격했으나 흉노의 반격에 부딪혀

거꾸로 포위되어 위험에 빠졌을 때 진평이 낸 꾀로 목숨을 건질 수 있었다.

진평은 그림 그리는 사람에게 아름다운 여자 그림을 그리게 했다. 그러고는 사신을 시켜 선물과 함께 그 미녀 그림을 흉노의 왕인 묵돌선우의 부인에게 보내며 말했다.

"지금 한나라 황제께서는 어려움에 놓여 이 미녀를 선우께 몰래 바치고자 하십니다."

선우의 부인은 한나라 황제가 그 미녀를 선우에게 바치면 미녀에게 사랑을 빼앗길까 두려워했다. 그래서 선우를 졸랐다.

"지금 우리가 한나라 땅을 얻는다고 해도 거기에서 살 수는 없잖아요. 서로 괴롭히면서 살 필요가 없지 않나요?"

그러자 묵돌선우는 포위를 풀고 물러갔고 한고조 유방은 간신히 목숨을 건질 수 있었다. 그러나 한고조 유방이 포위에서 벗어난 이후에도 진평의 기발한 계책은 줄곧 비밀에 부쳐졌다. 그의 계책 가운데 어떤 것은 완전히 비밀에 부쳐졌으므로 세상 사람들은 그 내용을 알 수가 없었다.

한고조 유방이 죽고 난 후 천하는 그의 부인 여후 손에 쥐어졌다. 이때부터 진평은 밤낮으로 술독에 빠지게 되었다. 그러자 평소부터 진평을 좋지 않게 보던 여후의 동생 여수가 여후를 찾아왔다.

"진평이라는 자가 승상 자리에 있으면서도 정치는 아예 처다보지

비상한 머리로 한고조 유방의 꾀주머니 역할을 했던 진평

않고 매일같이 술과 여자에만 빠져 있답니다. 그자에게 벌을 주세요."

여후는 얼굴에 웃음을 띠고는 진평을 불러 이렇게 말했다.

"예부터 아녀자의 말을 듣지 말라는 속담이 있습니다. 그대는 어떻게 하면 나하고 잘해 나갈 수 있는지만 생각하기 바라오. 여수의 말은 신경 쓸 필요가 없소."

그 후 여후는 아무 거리낌도 없이 자기 친척들을 등용했고, 진평도 아무런 불평을 말하지 않았다.

진평은 집에 틀어박혀 여후 세력을 물리칠 방안을 짜내기에 골몰했다. 그러던 어느 날 육가라는 대신이 찾아왔다. 진평은 누가 온 사실조차 모른 채 생각에 골똘히 잠겨 있었다.

"무슨 생각을 그렇게 열심히 하십니까?"

육가가 인사를 했다. 그러자 진평이 말했다.

"내가 무슨 생각을 하는지 알아맞혀 보십시오!"

"당신께서는 승상 자리에 계시면서 신하로서는 더 바람이 없을 처지이십니다. 다만 한 가지 걱정이 있다면 역시 여후 세력이 아니겠습니까?"

육가가 대답했다.

"그렇습니다. 과연 어떻게 해야 하겠습니까?"

육가가 말을 이었다.

"천하가 안정될 때는 재상이 중요합니다. 그러나 천하가 어지러울 때는 장군이 중요하게 됩니다. 만약 재상과 장군이 서로 힘을 합한다면 선비들은 반드시 모두 이를 따를 것입니다. 사람들의 마음이 따르게 되면 설사 천하에 난이 일어나도 나라가 무너지지 않을 것입니다. 이 일은 완전히 당신들 재상과 장군 두 분 손에 달려 있습니다. 저는 늘 주발 장군께 이 일을 설명하려 했습니다만, 그는 저와 농담을 주고받는 사이이므로 내 말을 중요하게 생각하지 않습니다. 왜 당신께서는 주발 장군과 사이좋게 지내지 않으십니까?"

그러면서 육가는 여후의 여씨 세력을 물리치기 위한 여러 방법을 얘기했다.

원래 진평은 주발과 관계가 좋지 않았다. 옛날 진평이 장수들을 감독하는 자리에 있을 때, 특히 주발이 불만을 많이 터뜨렸기 때문이다. 하지만 진평은 여후 세력을 꺾기 위하여 묵은 감정을 털어 버리기로 했다. 그러면서 많은 선물을 주발에게 보내고 아울러 성대한 잔치를 열어 그를 대접했다. 주발 역시 같은 대우로 진평에게 갚았다. 이때부터 두 사람은 힘을 합하게 되었고 여씨 세력은 점점 약해지기 시작했다. 그리고 결국 여후 세력을 몰아내는 데 성공했다.

자리가 다르면
할 일도 다르다

　　새로 황제가 된 문제는 주발 장군이 여씨 세력을 물리치는 데
공로가 가장 컸으므로 그를 제1의 공로자로 생각했다. 진평은 그것을
알고 우승상 자리를 주발에게 양보하기로 했다. 그는 몸이 아프다는
핑계를 대고 물러나겠다고 청했다.

　"그대는 이제까지 건강하더니, 갑자기 아프다며 물러나겠다니 무슨
일이오?"

　　문제가 진평에게 물었다.

　"예, 옛날에는 제 공적이 주발을 앞섰습니다. 그러나 여씨를 물리친
공로는 주발을 따라가지 못합니다."

　　그래서 문제는 주발을 우승상에 임명하고, 진평은 좌승상으로 임명
해 제2위의 서열로 내려놓았다.

　　그 뒤 어느 날 문제가 주발에게 물었다.

　"우승상, 재판은 전국적으로 몇 건쯤 있는가?"

　　주발의 얼굴이 빨갛게 달아올랐다.

　"제가 미처 그것을 알지 못했습니다."

　"그럼 국고는 1년에 얼마나 되는가?"

　"그것도 모르겠습니다. 죄송합니다."

　　주발은 온몸에서 식은땀을 흘렸다. 그러자 문제는 진평에게 물었

다. 하지만 진평의 대답은 간단했다.

"그러한 문제들은 모두 그 일을 맡은 관리가 있습니다."

"그 관리는 누구인가?"

"재판은 정위가 있사오며, 국고도 담당 관리가 있사옵니다."

"각각의 일을 맡은 관리가 따로 있다면, 도대체 그대가 맡는 일은 무엇인가?"

"재상이라는 자리는 위로는 황제를 모시며 아래로는 모든 만물을 잘살게 할 임무를 가지고 있습니다. 또 바깥으로는 사방의 오랑캐와 제후들을 다스리고, 안으로는 백성을 다스리며 뭇 관리에게 그 책임을 다하도록 하는 자리입니다."

"정말 훌륭한 답변이오."

문제가 진평을 칭찬했다. 주발은 매우 부끄러워 조정에서 나온 후 진평을 원망하면서 물었다.

"그대는 왜 평소 나에게 대답하기를 가르쳐 주지 않았소?"

그러자 진평이 웃으며 말했다.

"그대는 승상 자리에 있으면서도 승상의 임무를 모르시오? 만약 폐하께서 장안의 도적 수를 물으셨다면 그대는 지어내서 거짓으로 대답하려고 했소?"

주발은 자신의 능력이 진평에게 훨씬 못 미친다는 것을 알았다. 얼마 후 주발은 병을 핑계 삼아 물러가겠노라고 청했다.

마침내 진평이 유일한 승상이 되었다.

12

다만 죽어서도
일이 이뤄지지
않음을
두려워할 뿐

예부터 협객은 "죽기를 두려워하지 않고, 오직 죽어서도 일이 이뤄지지 않음을 두려워한다."라고 했다. '협侠'이란 '의기롭다'는 뜻으로 "정의로운 일을 보고 용기 있게 돕는 행위나 성격, 그런 기질"을 말한다. 그리고 '협객侠客'은 그런 일을 하는 사람을 말한다.

여기에 소개하는 〈유협遊侠열전〉은 비록 큰 뜻을 품지는 않았지만 자기 나름대로 세상을 의롭게 살다 간 협객들을 다룬 이야기로 《사기》의 명편 중에서도 대표적인 명편으로 꼽힌다.

사마천은 이 글을 빌려 여러 유형의 협객을 사실적으로 묘사했으며, 그들의 "말에 신의가 있고 행동에 성과가 있으며 약속은 반드시 지키고 몸을 아끼지 않는" 고귀한 품격을 높이 평가했다.

사마천은 이들을 천하 백성들의 영웅으로 높이 치켜세우면서 이들이 당하는 불행에 깊은 동정을 보냈다. 반면에 그들을 박해하는 사람들에 대해서는 분노를 나타내면서 거짓과 비합리로 가득 찬 당시 봉건사회를 여지없이 고발했다. 궁형이라는 천형을 받고 극도의 불우한 처지를 견뎌야 했던 자기 경험을 토대로 한 역사와 인간 존재에 대한 근원적 성찰은 《사기》 전편에 걸쳐 그대로 담겨 있는데, 특히 〈유협열전〉에 사마천의 진보적인 역사관과 민중성이 곳곳에 잘 배어 있다.

〈유협열전〉은 사건과 인물에 대한 사실적 기록이라는 측면에서 뛰어날 뿐만 아니라 그 기록과 논점이 서로 절묘하게 결합하여 예부터 '백대지절百代之絶'의 뛰어난 문장으로 손꼽혀 왔다.

특히 이 열전의 머리말에는 도덕과 인의에 대한 상식의 이면을 꿰뚫어보는 사마천의 탁월한 대중적 관점이 잘 드러나 있다. 사마천은 결코 성공과 실패만으로 영웅을 판별하지 않았다. 사마천의 눈에 영웅이란 결코 성패에 따라 결정될 범주가 아니었다. 스스로의 마음에 부끄러움이 없이 살았던 사람이나 정情과 의義를 중히 여겨 자기 목숨을 버린 사람 모두 참된 영웅이었다. 사마천은 그러한 인물들을 숭앙하고 《사기》에 그들의 행적을 한 글자 한 글자 심혈을 기울여 묘사하고 기술했다. 그리하여 그들을 역사에 큰 족적을 남긴 인물로 승화시킴으로써 모쪼록 후세 사람들의 모범이 되기를 희망했던 것이다.

협객의 시대

한비자는 이렇게 말했다.

"유학자는 학문으로 법치를 어지럽히고, 유협객遊俠客은 힘으로 법규를 어긴다."

그에게는 유학자와 협객들이 모두 비판의 대상이 되는 것이다. 그러나 학자는 대부분 세상에서 인정받고 있다. 즉 전문적인 권위와 학술에 따라 재상이나 대신의 지위를 얻고 천자를 도와 그 이름과 명예를 역사에 남긴 인물은 길게 말할 필요도 없다. 그런데 계차와 원헌(이 두 사람 모두 공자의 제자이다.) 같은 인물은 경전을 익히고 고상한 도덕을 지녔지만 시대 흐름에 자신의 신념을 부합시키지 않았기 때문에 당시 사람들 역시 그들을 비웃었다. 그들은 누추한 집에서 살 수밖에 없었고 다 해진 옷을 입으며 보잘것없는 반찬도 배불리 먹을 수 없었지만,

그들이 죽은 지 400여 년 뒤 그들을 따르는 사람들은 끊임없이 그들을 기념하고 있다.

협객에 대해 말하자면, 비록 그 행동이 이른바 정의 혹은 도덕 기준과 일치하지는 않지만 말에 신의가 있고, 행동에 성과가 있으며, 한 번 약속하면 반드시 지킨다. 또 자기 한 몸을 아끼지 않고 남을 위험에서 구하며, 목숨을 버리면서까지 남을 돕는다. 그렇지만 자신의 능력을 드러내지 않고 은덕을 과시하지 않는다.

이러한 점들은 마땅히 크게 찬양받아야 한다. 더구나 사람이란 항상 위험에 빠지고 부딪히는 법이다. 옛날 순임금은 우물을 파다가 흙에 묻혀 죽을 뻔했고 곡물 창고에서 불에 타 죽을 뻔한 적도 있었다. 은나라의 명재상 이윤은 솥과 도마를 짊어진 채 요리사로 전락해 고생했으며, 강태공은 너무 가난한 나머지 밥장사를 하기도 했다. 또한 관중은 손과 발에 쇠고랑이 채워졌고, 백리해는 노비가 되어 소를 키워야 했다. 공자는 광 지방에서 죽을 뻔하고 진나라와 채나라에서 굶주림으로 고생해야 했다. 이들 '덕이 있는 인자仁者'들도 이렇듯 재난을 당해야 했는데, 하물며 일개 평범한 사람들의 경우 극도로 혼란한 난세를 맞아서는 어찌되겠는가? 그가 직면해야 하는 재난을 말로 다할 수가 있겠는가.

사람들은 흔히 이런 말을 한다.

"인의仁義를 아는 것이 무슨 소용이 있는가? 이익을 얻게 되면 그게 바로 덕이 있는 것이다."

그렇기 때문에 백이가 수양산에서 굶어 죽으면서 주나라를 비판했어도 주나라 문왕과 무왕은 왕자王者로서 명성이 손상받지 않았으며, 도척이 법을 짓밟고 난폭한 짓을 했어도 부하들에게서 지금까지도 인의를 칭송받는 것이다.

"허리띠나 푼돈을 훔친 자는 극형에 처해지지만 나라를 훔친 자는 제후가 되며, 제후 가문에서 하는 모든 일은 인의에 들어맞게 된다." 라는 말을 그 누가 그저 허튼소리에 지나지 않는다고 할 수 있겠는가? 조그마한 의로움에 집착하여 세상을 등진 사람들이 시대 흐름에 몸을 맡겨 영예를 얻은 사람들을 비교해서 꼭 더 낫다고 말할 수 있는 것인가! 그러나 관작을 가지지 않은 백성들은 남을 돕겠다는 약속을 하고서 천 리 안의 일 모두에서 인의를 말하고 죽음도 두려워하지 않으며 세속의 비난에도 신경을 쓰지 않는다. 이 역시 그들의 장점이며, 결코 경솔한 행동이 아니다. 무릇 곤경에 처한 사람들은 그들에 의지하여 자신들의 생명을 보호하려 하니, 그들이야말로 사람들이 흔히 말하는 영웅호걸이 아니겠는가! 행동에 반드시 성과가 있고, 말에 반드시 신의가 있는 관점에서 볼 때, 협객식의 인의는 어느 점에서 부족할 것인가!

지금 맹상군, 춘신군, 평원군, 신릉군 등이 세상에 널리 알려져 있지만 그들은 모두 왕족으로 드넓은 땅과 큰 벼슬에 따른 재물에 의존하여 천하의 현명한 선비들을 모았다. 그래도 이들을 현인이 아니라고 할 수는 없다. 하지만 보통 백성인 협객들은 자신의 행동으로 명성을 쌓아 천하에 이름을 드날렸으며, 천하 사람들로 하여금 자기의 현명함과 덕을 칭송하도록 만들었으니 참으로 대단한 일이었다.

지금 진나라 시대 이전 민간 협객들의 흔적은 모두 사라지고 남아 있지 않으니 이 점을 매우 유감스럽게 생각한다. 이들은 항상 당시 법망을 어겼지만, 개인적 인품은 청렴하고 겸손했으며 오히려 찬양 받을 측면도 매우 많다. 협객의 명성은 빈껍데기에서 만들어진 것이 아니며, 사람들 역시 헛되이 그들에게 의지했던 것이 아니다. 하지만 세상 사람들은 이들을 한낱 폭력배 집단으로 여기니 어찌 슬프지 아니하랴!

베푼 은혜는
잊어라

노나라 사람인 주가朱家는 한나라 고조와 같은 시대에 태어났다. 전통적으로 노나라는 유교를 받드는 국가였지만 주가는 협객으로 유명했다. 그가 숨겨 주어 생명을 구한 사람의 수는 유명한 사람만도 수백 명이나 되고, 그 밖에도 수천 명의 생명을 구했다. 그러나 그는 한 번도 자기를 뽐내거나 다른 사람에게 베푼 은혜에 대하여 즐거워하지 않았다. 오히려 도와준 후에는 그 사람들을 두 번 다시 만나지 않으려 노력할 정도였다. 도움을 줄 때도 가난하고 신분이 낮은 사람부터 먼저 도와주었다.

주가의 집에는 쓸 만한 재산이라곤 하나도 없게 되었고, 소박한 옷에 조촐한 음식을 먹었을 뿐이며, 타고 다니는 것이라고 해봐야 고작 조그만 소가 끄는 보잘것없는 수레에 불과했다. 그러나 이처럼 자신의 일에는 신경도 쓰지 않으면서 다른 사람의 일이라면 팔을 걷어붙이고 나섰다. 계포 장군을 구했지만 계포가 나중에 크게 출세하게 되었을 때에는 결코 그를 만나려 하지 않았다. 그래서 당시에 함곡관 동쪽 지방에서는 주가와 사귀어 보려는 사람들이 줄을 이었다.

임무에 충실했기 때문에 죄인이 되다

계포季布는 초나라 사람으로 의리 있고 사나이다운 태도로 초나라 지방에 널리 알려져 있었다. 그는 원래 항우가 장군에 임명했고, 유방을 자주 곤경에 빠뜨렸다. 그래서 유방이 항우를 물리친 다음 천금의 상금을 거는 등 계포를 잡는 데 많은 힘을 썼다. 계포를 숨겨 준 자는 삼족을 멸하겠다는 포고령도 내렸다. 이때 계포는 복양에 사는 주씨 집에 몸을 숨기고 있었는데, 어느 날 주씨가 계포에게 말했다.

"우리 집에도 곧 추격의 손길이 뻗칠 듯합니다. 제게 한 가지 방법이 있기는 한데 들어주시겠습니까? 만일 싫다고 하시면 제가 스스로 목숨을 끊는 길밖에 없습니다."

계포가 그의 말대로 따르겠다고 했다. 그러자 주씨는 그의 머리를 깎고 목에 철띠를 두르게 해서 죄수로 변장시킨 다음 허름한 옷을 입혀 화물을 싣는 큰 마차에 태웠다. 그리고 집에 있던 노예들과 함께 노나라의 협객인 주가에게 팔았다. 주가는 그가 계포라는 사실을 알았지만 밭농사를 시키기로 했다. 그런 뒤에 주가는 아들을 불러 일렀다.

"그에게 밭일을 시키되 모든 일을 항상 그와 상의하여 해라. 그리고 항상 같이 식사를 해라."

그 후 주가는 작은 마차를 타고 낙양으로 가서 한나라의 대신 하후영을 방문했다. 그때 이미 제후가 되어 있던 하후영은 며칠 동안 술잔치를 벌여 주가를 정중하게 대접했다. 주가는 술을 마시다가 하후영에게 넌지시 떠봤다.

"계포라는 자는 도대체 얼마나 큰 죄를 지었기에 황제께서 그토록 잡으려 하시는 것입니까?"

"계포는 항우 편에 있으면서 폐하를 매우 괴롭혔소. 그래서 폐하께서는 계포를 아주 미워해 기필코 잡아 죽일 생각이시라오."

그러자 주가가 조용히 되물었다.

"그러면 대감께서는 계포를 어떻게 보십니까?"

"나는 훌륭한 인물로 생각하고 있소."

주가는 자세를 가다듬고서 말했다.

"모름지기 주군을 위해 충성을 다하는 것은 신하의 임무입니다. 계포가 항우를 위해 열심히 일했던 것은 임무에 충실했기 때문입니다. 천하가 평정된 이 마당에 개인적 원한 때문에 뛰어난 인물 한 사람을 죽이려 함은 도량이 좁다는 것을 스스로 세상에 나타내는 행위라 아니할 수 없습니다. 계포는 추적이 심해지면 할 수 없이 북방의 흉노 혹은 남방의 월나라가 살던 쪽으로 달아날 것입니다.

인재를 미워하여 결국 적을 도와주게 된 경우는 많습니다. 오자서가 초나라 평왕의 무덤을 파헤치고 시체에 매질한 것도 초나라가 오자서에게 억울한 죄를 덮어씌워 죽이려 했기 때문 아니었습니까? 대감께서는 왜 이러한 사실을 폐하께 말씀드리지 않는지요?"

하후영은 이 말을 듣고 주가가 정말 대협객임을 다시 느꼈다. 그도 계포가 주가의 집에 숨어 있다는 것을 눈치채고는 "좋소, 그렇게 해봅시다." 하고 다짐했다.

그 후 하후영은 주가가 말한 대로 고조에게 아뢰면서 계포의 사면을 간청했다. 그러자 고조는 즉시 계포를 사면했다. 당시 많은 사람이 강직한 성격을 부드럽게 변화시킬 수 있었던 계포를 칭찬했고, 주가역시 그 일로 천하에 명성이 높아지게 되었다.

그 뒤 계포는 고조를 만나게 되었으며 고조는 그의 죄를 사하여 낭중으로 임명했다. 고조가 죽은 후 효혜제 때에 이르러서는 중랑장까지 벼슬이 높아지게 되었다.

이 무렵 흉노족의 왕이 조롱하는 편지를 보내 고조의 황후인 여후를 모욕했다.

이 외로운 몸은 거친 땅에서 태어나 말이나 소와 섞여 자랐기 때문에 언

제나 중원에서 노닐기를 원해 왔소. 이제 그대께서 홀로 계시다니 내외 간의 정도 없이 무슨 맛에 살겠소? 있는 것으로 없는 것을 바꿀 생각은 없겠소?

이는 노골적으로 자기 마누라로 삼겠다는 희롱이었다. 여후는 몹시 분노했다. 그래서 여후는 장군들을 불러 모아 이 일을 의논했다. 이에 상장군 번쾌가 먼저 말했다.

"저에게 10만 군사를 주셔서 흉노를 무찌르게 해주십시오."

장군들은 번쾌가 여후의 제부로 막강한 권력을 휘둘렀으므로 모두 그의 의견에 찬성했다. 그러나 계포는 단호하게 반대하고 나섰다.

"번쾌는 조심성도 없이 말을 함부로 했으니 마땅히 참형에 처해야 할 줄 압니다. 고조께서도 30만을 인솔하셨지만, 평성에서 곤란을 겪으셨던 경험이 있습니다. 그런데 번쾌는 10만 군사로 흉노를 완전히 짓밟겠다고 했으니 그 얼마나 무책임한 언동입니까? 그뿐만 아니라 진나라는 흉노의 일에만 너무 신경을 썼기 때문에 진승 무리가 반란을 일으킬 틈을 주었으며, 결국 스스로 망해 버린 것입니다. 아직 나라가 채 안정되지도 않았는데 번쾌가 눈앞에서 아첨하는 것은 지극히 위험한 징조가 아닐 수 없습니다."

그러자 주위에 있던 모든 사람이 계포에게 틀림없이 불호령이 떨어질 것으로 생각하고 두려움에 떨었다. 하지만 여후는 그대로 듣고 있다가 회의를 끝냈고 그 뒤 다시는 흉노 정벌에 대해 한마디도 꺼내지

어떤 어려움도 두려워하지 않는 용기와 의리 있는 태도로
항우와 유방 모두에게 크게 쓰인 계포

—

않았다.

계포는 한동안 하동 군수로 있었는데, 한문제(한나라 5대 황제, 기원전 180~기원전 157) 때 어떤 사람이 그가 매우 재능이 있다고 말하자 한문제는 그를 불러 어사대부에 임명하려 했다. 그런데 또 다른 사람은 그가 매우 용감하지만 술주정이 심하여 가까이하기 어렵다고 말했다. 계포가 장안에 와서 한 달이 지나서야 황제가 그를 불러 만난 뒤 그냥 돌려보내려 했다. 그러자 계포가 황제에게 말했다.

"신은 아무런 공로도 없이 폐하의 은총을 입고 하동군의 자리를 맡았습니다. 지금 폐하께서 아무런 이유도 없이 신을 부르신 것은 분명 어떤 사람이 신을 잘 모르고 칭찬하여 폐하를 속인 것입니다. 또 신이 장안에 와서 아무런 일도 듣지 못한 채 이대로 돌아가는 것은 분명 어떤 사람이 폐하 앞에서 신을 헐뜯었기 때문입니다. 폐하께서 한 사람이 신을 칭찬하여 신을 부르시고 또 한 사람이 비방한다고 하여 신을 돌아가게 하시니, 신은 천하의 현명한 사람들이 이 일로 폐하께서 일을 처리하는 기준을 엿볼 수 있지 않을까 두렵습니다."

황제는 이 말을 듣고 매우 난처하게 느껴져 아무 말도 하지 않다가 한참을 지나서야 "하동은 짐의 수족과도 같은 곳이니 짐이 특별히 공을 부른 것이오!"라고 말했다.

계포는 하직을 하고 다시 하동군으로 돌아왔다.

계포일락季布一諾

초나라 사람 조구생은 말솜씨가 뛰어난 선비였는데, 여러 차례 권력에 아첨하여 큰돈을 모았다. 그는 환관 조담 등을 섬기었고, 특히 호아후의 오빠인 두장군과 사이가 좋았다. 계포는 이러한 소문을 듣고 두장군에게 편지를 올려 간언했다.

> 저는 조구생이라는 사람이 정직한 사람이 아니라고 들었습니다. 그와 왕래하지 마십시오.

조구생은 초나라로 돌아갈 때 두장군의 소개장을 얻어서 계포를 만나고자 했다. 그러자 두장군이 말했다.

"계포 장군은 그대를 좋아하지 않으니 그를 만나지 마시오."

하지만 조구생은 기어이 소개장을 얻어 떠났다. 조구생은 먼저 사람을 시켜 계포에게 소개장을 보냈다. 과연 계포는 몹시 화를 내면서 조구생을 기다리고 있었다. 조구생은 계포에게 절하며 말했다.

"초나라 속담에 황금 100근을 얻는 것이 계포의 대답 하나를 얻는 것보다 못하다고 합니다.*

생각해 보십시오. 왜 귀공이 초나라에서 이렇게 명성을 얻게 되었는지요?

나는 초나라 사람입니다. 귀공 역시 초나라 사람입니다. 바로 내가 귀

> *계포가 좀처럼 말이 없으나 한 번 대답을 하면 반드시 그것을 지켰기 때문에 매우 귀중한 약속이라는 뜻으로 계포일락季布一諾이라는 말이 유래되었다.

공의 이름을 가는 곳마다 찬양하고 다녔기 때문입니다. 그런데도 귀공은 오히려 나를 박대하십니다. 귀공은 계속 나를 거부하실 것입니까?"

그러자 비로소 계포는 매우 기뻐하고, 조구생을 집 안으로 들게 하여 그를 몇 달 동안 집에 머물게 하면서 극진하게 대접했다. 계포의 명성은 갈수록 높아졌는데, 이는 조구생이 그를 대신하여 선전하고 찬양한 결과였다.

태사공은 말한다.

항우가 그토록 용맹스러운 위세를 가지고 있었지만, 계포는 오히려 여전히 초나라에서 용감함으로써 그 이름을 떨쳤다. 직접 적진에 뛰어들어 적을 쳐부수고 빼앗은 적의 깃발은 그 수를 헤아릴 수 없을 정도이다. 가히 대장부라 할 수 있었다.

그러나 이러던 계포가 일단 쫓기는 몸이 되자 노예로 변장하면서까지 목숨을 이어 갔다. 계포는 자기 능력을 믿고 굴복을 치욕으로 보지 않고 견뎌 낸 것이었다. 그는 자신이 보여 주지 못한 재능을 발휘하기를 희망했고, 마침내 한나라의 명장이 되었다.

진실로 용기 있는 자는 가벼이 죽지 않는다. 노비나 첩과 같은 밑바닥 사람들은 스스로 자신의 분을 이기지 못하고 목숨을 끊지만 그것을 용기로 알아주지는 않는다. 왜냐하면 그들은 오직 두 번 다시 다른 방법이 있을 수 없다고 판단했기 때문에 스스로 죽는 것일 뿐이기 때문이다.

명예로운 이름은
영원하다

존경과 존중이
명예를 부른다

곽해郭解는 유명한 관상가였던 허부의 외손자이다. 곽해의 아버지도 의리 있는 사나이였으나 한문제 때 법을 어겨 처형되었다.

곽해는 몸집은 작았지만 날래고 영리하며 강인한 사나이였고, 술은 한 모금도 하지 않았다. 젊었을 때는 매우 잔인하여 자기 마음에 거슬리는 사람을 곧잘 죽이곤 했다. 또 친구를 위한 보복에 목숨을 아끼지 않았으며, 범죄를 저지른 자들을 숨겨 주고 법을 어기면서 도처에서 강도질도 했으며, 화폐를 위조하고 무덤을 도굴하는 등 못된 행패를 많이 부렸다. 그러나 이상하게도 그가 궁지에 몰리면 누군가 나타나서 도와주었고, 대사면을 받곤 했다.

그런데 곽해가 나이가 들면서부터는 사람이 몰라보게 달라져 은혜로 다른 사람의 원한을 갚았으며, 자주 남에게 은혜를 베풀면서도 결코 보답을 바라지 않았다. 다른 사람에 대한 원한도 매우 적었다. 그러나 스스로 협객의 일을 좋아하는 것은 갈수록 더했다. 다른 사람의 생명을 구하고도 결코 자랑하는 법이 없었다. 하지만 속으로는 여전히 잔인하고 독하여 자그마한 이유로 일을 저지르는 것은 예전과 다름이 없었다.

당시 젊은이들은 그의 행위를 존경하여 항상 그를 대신하여 보복을 했는데, 다만 그가 모르도록 했다. 곽해 누나의 아들은 곽해의 위세를 믿고 다른 사람과 술을 마실 때 그로 하여금 술을 다 마시도록 강요했다. 그 사람이 주량이 적어서 마시지 못하겠다고 하자 아들은 강제로 술을 그 사람 목에 부어 넣었다. 이에 그 사람은 매우 화가 나서 아들을 칼로 찔러 죽이고 달아났다. 누나가 곽해를 원망했다.

"너는 의리의 사나이라면서 조카가 죽어도 아무 관심도 없구나! 살인자는 잡을 수도 없느냐?"

그러면서 시체를 길바닥에 내버려둔 채 장사도 지내지 않으면서 곽해의 명예에 먹칠을 하고자 했다. 그러자 곽해는 부하를 풀어 살인자를 찾도록 했다. 이에 도저히 도망갈 수 없다는 것을 안 범인은 스스로 곽해를 찾아와 자초지종을 말했다.

곽해가 그 얘기를 듣고는 "과연 네가 그를 죽인 것은 무리가 아니다. 누님 아들은 도리에 어긋났다."라고 말하면서 그를 풀어 주고, 누님 아들의 장례를 치러 주었다. 이 소문이 퍼지자 사람들은 곽해의 인품을 칭찬했고 그를 따르는 사람들은 점점 많아졌다.

그 무렵에는 곽해가 길을 지나갈 때 사람들이 스스로 길을 비켜줄 정도였다. 그런데 곽해가 지나가는데도 길옆에 앉아 다리를 꼰 채 물끄러미 쳐다보는 자가 있었다. 곽해가 부하를 시켜 그자의 이름을 알아오도록 했다. 사람들은 그자를 죽이려 했다. 그러자 곽해는 오히려 그들을 말렸다.

"자기 고향에서 존경을 못 받는 것은 내 도덕이 완전하지 못하기 때문이다. 저 사람이 무슨 죄가 있다는 말인가!"

그러고는 마을 관리를 찾아가 몰래 부탁했다.

"그 사람은 내게 매우 필요한 사람이라오. 부역(한나라 시대 남자 장정은 '졸경卒更'이라 하여 매년 1개월의 부역을 해야 했다.) 때 명단에서 빼줄 수 있겠소?"

그 뒤 그 사람은 부역 때마다 빠졌다. 그 사람은 이상하게 생각하여 관리를 찾아가 그 이유를 묻고는 비로소 곽해의 부탁으로 그렇게 되었다는 사실을 알게 되었다. 그는 즉시 곽해를 찾아가서 웃옷을 벗고 사죄를 했다. 이 이야기가 알려지자, 젊은이들이 곽해를 더욱 따르고자 했다.

그 시절 낙양에는 서로 원수처럼 으르렁대는 두 사람이 있었다. 마을의 유지 열 명이 그들을 화해시키려 차례로 나섰지만 효과가 없었다. 그래서 곽해에게 화해를 주선해 달라는 간청이 들어왔다. 곽해는 밤에 몰래 그들의 집을 찾아가 설득한 끝에 마침내 둘을 화해시켰다.

그러자 곽해는 이렇게 말했다.

"이번 문제로 낙양의 유지들이 나섰지만 실패했다고 들었소. 지금 다행히 화해가 이뤄졌지만, 내가 이 지방의 덕망 있고 지위 있는 사람들의 권세를 빼앗을 수 있겠소?"

그는 밤중에 떠나며 다른 사람들이 이 사실을 알지 못하도록 하면서 "아직 화해가 이뤄지지 않은 것으로 하고 내가 돌아간 뒤 낙양 호걸들로 하여금 조정하도록 하여 그들 말에 따른 것으로 해주오."라고 말했다.

일개 백성의 권세가 장군으로 하여금 대신 말하게 만들다

곽해는 항상 겸손했으며 외출할 때 말을 탄 적이 없었고 마차를 탄 채 관청에 들어간 적도 없었다. 남의 부탁으로 관청에 민원을 넣을 때는 정당한 일이라면 반드시 관철했고, 무리한 부탁이라도 최선을 다하여 그들의 요구를 만족시키려 했다. 그런 뒤에야 비로소 밥을 먹었다.

그렇기 때문에 뜻있는 많은 사람이 곽해를 존경하며 따랐다. 매일 밤만 되면 마을의 젊은이와 인근 마을의 유지들이 곽해의 집에 찾아왔다. 그들은 곽해의 손님들을 10여 대 수레에 실어 자기 집에서 돌보곤 했다.

　그런데 한무제 때 각 지방의 부호들을 무릉 지역으로 집단 이주시키는 정책을 폈다.(한무제 2년[기원전 139년], 한문제의 능묘가 있던 무릉의 주민 수를 확충하기 위해 부호들을 무릉으로 이주시키는 정책을 폈다.) 곽해는 재산이라고 할 만한 것이 거의 없었으므로 300만 전 이상의 부자에 포함되지 않았다. 지방 관리에게 이것은 민감한 문제였지만 또한 그를 이주시키지 않을 수도 없었다. 그런데 위청 장군이 곽해를 대신하여 그의 이주 문제에 대해 한무제에게 말했다.

　"지금 곽해가 재산이 부족하여 이주 기준에 미치지 못합니다."

　그러자 무제가 대답했다.

　"일개 백성의 권세가 대장군으로 하여금 대신하여 말하게 만들 정도라면, 바로 그가 가난하지 않다는 사실을 말해 주는 것이다."

　그렇게 하여 곽해는 이주하게 되었다. 그가 이주할 때 배웅 나온 사람들이 걷어 준 돈이 자그마치 1000만 전도 넘었다.

　곽해가 이주하도록 실제로 꾸민 자는 현의 아전이었던 양계주의 아들로서 그가 곽해를 잡아 이주시켰던 것이다. 이를 알게 된 곽해의 조카가 몹시 분노하여 양계주의 아들을 죽여 버렸으며, 이로써 곽해의 집과 양계주의 집은 불구대천의 원수가 되었다. 곽해가 함곡관에 도착했을 때, 관중 지방의 뜻있는 사람들이 그를 아는 사람이든 모르는 사람이든 그의 명성을 듣고 앞을 다투어 만나고자 했다.

세월이 흘러 이번에는 고향에서 양계주가 목숨을 잃었다. 그러자 양계주의 가족은 사람을 보내 황제에게 직접 호소하려 했는데, 그 사람이 궁궐에 도착할 때쯤 누군가에게 다시 목숨을 잃었다. 이 일이 마침내 무제의 귀에 들어가자, 무제는 곽해를 체포하라는 엄명을 내렸다. 이에 곽해는 가족을 피신시킨 다음 임진 지방으로 도망갔다. 임진 지방에 사는 적소공이라는 사람은 곽해를 알아보지 못했는데, 곽해는 다른 사람 행세를 하면서 함곡관을 빠져나가게 해달라고 청했다. 적소공은 곽해를 도와 함곡관을 빠져나가게 했고 곽해는 태원 지방으로 몸을 피했다. 그를 추격하던 포졸들이 적소공을 잡아 조사하자 적소공은 스스로 죽어 입을 열지 않았다.

곽해는 결국 몇 년 뒤에 붙잡혔다. 그러나 곽해가 과거에 저질렀던 살인 사건은 대사령이 내려지기 이전에 벌어졌기 때문에 처벌할 수 없었다. 그때 곽해를 문초하는 심문관 옆에 한 유학자가 앉아 있었는데, 어떤 사람이 곽해를 칭찬하는 모습을 보고는 이렇게 말했다.

"곽해는 오로지 국가의 법률을 어기면서 간사한 행동만 일삼았는데, 어찌 그를 현명하다고 할 수 있는가?"

이 소식을 들은 곽해의 부하 중 하나가 그 유학자를 죽이고 그의 혀를 잘라 버렸다. 관리들이 이 문제로 곽해를 조사했으나, 실제 곽해는 아는 것이 없었다. 결국 관리들은 곽해의 죄가 없다고 보고할 수밖에 없었다. 그러나 어사대부 공손홍이 반대했다.

"곽해는 신분이 낮은 집안 출신임에도 스스로 협객이라고 으스대며 권력을 주물러 왔고, 그의 눈짓 하나로 살인 사건이 일어났다. 비록 곽해 본인이 죽이지는 않았지만, 오히려 직접 죽인 것보다 더 큰 죄가 있으며, 이는 대역무도의 죄에 해당한다."

그리하여 마침내 곽해 일가는 멸족을 당했다.

태사공은 말한다.

나는 곽해를 직접 본 적이 있다. 그 용모는 오히려 보통 사람보다 못하고 말하는 것도 특별한 데가 없었다. 그런데도 천하의 좋은 사람이든 나쁜 사람이든, 또 그를 아는 사람이든 모르는 사람이든 모든 사람이 그를 존경했고 협객의 일을 하는 자들은 모두 그를 입에 올렸다.

하지만 그는 끝내 비극적으로 삶을 마쳤으니 참으로 안타까운 일이다.

13

사람들이
생각하지
못한 곳에
부자가 되는
비밀이 있다

'화식貨殖'이란 '재산을 늘리다' 혹은 '상공업의 경영'이라는 의미이다. 사마천이 말하는 '화식'이라는 말은 이 밖에도 각종 수공업과 농어업, 목축업, 광산, 제련 등의 경영을 포함한다.

흔히 일컬어지는 이른바 '사농공상士農工商', 즉 신분의 귀천이 선비-농민-공장 工匠-상인의 순서로 간주되던 사상은 중국을 비롯하여 그 영향을 받은 동아시아 역사에서 오랫동안 주류적 지위를 점해 왔다. 이러한 사고방식에 과감하게 도전 장을 낸 것이 다름 아닌 사마천의 〈화식열전〉이다.

예부터 《사기》를 읽으면서 〈화식열전〉을 읽지 않는다면 《사기》를 읽지 않은 것과 같다고 했다. 사마천이 열전을 지으면서 열전의 맨 끝에 〈화식열전〉을 배치한 것은 〈화식열전〉이야말로 인간 세상을 결정하고 종합하여, 사실상 《사기》를 총결산하는 것이라고 판단했기 때문이다.

〈화식열전〉에서 사마천이 언급하는 화식가貨殖家는 당시의 수많은 상인 중에서도 대단히 우수한 군계일학의 상인들이었다. 그들이 상업 경쟁에서 탁월할 수 있었던 것은 남보다 뛰어난 장점이 많았기 때문이다. 사마천은 자본과 실력을 축적하는 과정에서 그들이 지니고 있는 갖가지 장점을 잘 묘사했다. 이들 상인들은 모두 '사람들이 생각하지 못한 방법'으로 승리를 거두었던 것이다. 사마천은 〈화식열전〉을 지은 목적에 대하여 이들 상인들을 과감하게 '현인'으로 칭하면서 "당세의 현인賢人들이 부귀하게 된 내력을 간략하게 기술하는 것은 후세 사람들이 고찰하여 선택할 수 있게 하기 위함이었다."라고 말했다.

사마천은 탁월한 경제학자이기도 했다. 이미 2000여 년 전에 쓰인 이 글에는 애덤 스미스^{Adam Smith}가 주장한 '보이지 않는 손^{invisible hand}'의 논리가 설득력 있게 펼쳐지고 있다. 이뿐만 아니라 시장론과 교역론도 주창되고 있으며, 특히 백성들과 이익을 다투는 정치야말로 가장 나쁜 정치라고 갈파했다.

사마천은 부유해진 후에 마땅히 인의^{仁義} 도덕을 베풀어야 한다고 주장했다. 이른바 "군자는 부유해지면 덕을 베풀기를 즐겨한다."는 것이다. 그가 〈화식열전〉에서 기술한 첫 번째 거부^{巨富}인 범여야말로 부유해진 뒤 인의를 실천한 대표자라고 할 수 있다. 그는 부유해진 후 자신의 재물을 두 번에 걸쳐 가난한 벗과 먼 친척들에게 나누어 주었다. 사마천은 이러한 행위를 열렬하게 칭송했다.

〈화식열전〉은 염철업 분야에서 활동하는 거상^{巨商} 이외에도 육포를 파는 사람, 장을 파는 사람, 수의사, 심지어 도굴꾼, 도박꾼 무리까지 기술했다. 그리하여 사마천은 누구라도 성실하게 노력한다면, 어떠한 직업에 종사하든 지혜와 계책을 활용함으로써 반드시 부유해질 수 있다고 말했다. 직업에 귀천이 없음을 천명한 것이다.

가장 나쁜 정치는
백성과 다투는 것이다

《노자》는 "정치 시행의 최고 기준은 나라와 나라의 영토가 서로 이어져 서로 볼 수 있으며, 닭과 개의 울음소리를 서로 알아들을 수 있고, 백성들은 각기 먹는 것을 가장 맛있게 생각하며 입는 옷을 가장 아름답게 생각하고, 또 자기가 사는 곳의 풍속이 자기가 살기에 가장 적합하다고 생각하며 자신의 일을 매우 즐거이 여기면서 늙어 죽을 때까지 서로 왕래하지 않는 것이다."라고 했다.

그러나 노자의 말을 지금의 목표로 삼고자 한다면 먼저 사람들의 눈과 귀를 모두 막아 버리는 방법 이외에 다른 방법이 없을 것이다.

태사공은 말한다.

가장 좋은 방법은 자연적인 흐름에 따르는 것이고, 그다음은 이익으로 이끄는 것이며 그다음은 그들을 교육하는 것이다. 그리고 그다음은 억압적 수단으로 모든 것을 일치시키는 것이며, 가장 나쁜 방법은 백성과 다투는 것이다.

사람들은 단지 자기 재능에 따라 그 힘을 가장 크게 하여 자기 욕망을 만족시킨다. 따라서 값이 싼 물건은 어떤 사람들이 나타나 값이 비싼 곳으로 그 물건을 가져가 팔려고 하고, 어느 한곳에서 물건값이 비싸게 되면 곧 어떤 사람들이 나타나 값이 싼 곳에서 물건을 들여오게 된다.

이렇게 모든 사람이 각자 자기 직업에 힘쓰고 자기 일을 즐겁게 하여 마치 물이 아래로 흘러가듯이 밤낮으로 그치지 않으며 물건은 부르지 않아도 스스로 오고 가서 찾지 않아도 백성들이 직접 가지고 와서 무역을 한다. 이 어찌 '도道'와 자연의 효험이 아니라는 말인가?

천하 사람들이 어지럽게 오고 가는 것도 모두 이익 때문이다

강태공이 제나라 땅에 제후로 임명되었을 때 그곳은 단지 소금기가 많은 개펄이었고 사람은 매우 적었다. 그리하여 강태공은 여자들에게 방직과 자수 등의 일을 권하고 동시에 어업과 염업을 개발했다. 그리하여 사방의 사람들과 물자들이 모두 이곳으로 모이게 되어 마치 수레바퀴의 살이 차축에 모여들듯 왕래가 끊이지 않았다.

그 결과 천하의 모든 사람이 제나라에서 생산된 의복과 신발, 모자를 사용하게 되었고, 동해에서 태산에 이르는 작은 나라 제후들이 모두 의관을 가지런히 하고 공경한 태도로 제나라에 와서 만나게 되었다. 그 뒤 제나라는 중간에 일시 쇠퇴했으나 관중이 다시 강태공의 정치를 되살려 재물과 화폐를 관리하는 9등급의 관원을 설치함으로써 환공을 천하의 패자로 우뚝 서게 했으며 제후를 아홉 차례 회의를 하도록 만들어 천하를 바른 길에 들어서게 했다. 관중 본인 역시 10분의 3의 시장세를 손에 넣게 되어 비록 신하의 지위에 있었지만 오히려 다른 나라 제후보다 더 부유했다. 제나라의 부강은 위왕과 선왕의 시대까지 계속되었다.

이에 대해 관중은 "곡식 창고가 충실해야 사람들은 비로소 예절을 알고, 의식이 족해야 사람들은 비로소 영욕을 안다."라고 말했다. 예절이란 재부가 풍요로울 때 생기는 것으로 일단 재부가 사라지면 예절 또한 없어진다는 것이다.

따라서 군자가 부유하면 그 재산으로 널리 은혜를 베푼다. 반면 소인이 부유하게 되면 편안하게 걱정 없이 살면서 두 번 다시 고생스럽게 노동하지 않는다. 연못이 깊어야 물고기가 생기고 산이 깊어야 짐승이 모이듯이, 사람도 부유할 때 비로소 인의가 생겨나는 것이다. 부자가 권세를 얻으면 명성이 더욱 빛나게 되고, 권세를 잃으면 손님이 찾아오지 않게 된다.

"천금을 가진 부자의 아들은 법을 어기더라도 시장 거리에서 처형되어 죽지 않는다."라는 속담이 있는데, 이것은 결코 헛된 말이 아니다. 그러므로 "천하 사람들이 즐겁게 오고 가는 것은 모두 이익 때문이며, 천하 사람들이 어지럽게 오고 가는 것도 모두 이익 때문이다."라고 하는 것이다.

범여는 회계산에서 오나라에 굴복했던 치욕을 갚은 뒤 탄식했다.

"나라에서 시행한 계책들은 이미 성공했으니, 나는 내 가업을 경영하는 데 그것을 쓰리라."

그러고는 곧바로 작은 배 한 척에 올라 세상을 호젓하게 떠돌면서 이름을 고치고 성을 바꾸었다. 특히 도陶 지방에서는 그를 주공朱公이라 불렀고, 이후 그는 도주공이라 불렸다. 범여는 도 지방이 천하의 중심으로 각국 제후들과 모두 통할 수 있기 때문에 물자 무역의 요충지라고 생각했다.

그래서 그곳에서 산업을 경영하여 물자를 쌓아 두고 적절한 때에 맞추어 변화를 꾀했다. 그는 천시天時에 맞춰 이익을 내는 데 뛰어났으며, 고용한 사람을 야박하게 대하지 않았다. 그러므로 경영에 뛰어난 자는 반드시 신뢰할 수 있는 사람을 잘 선택하고 좋은 시기를 아는 법이다.

범여는 19년 동안에 세 차례 천금의 재산을 모았는데, 두 차례에 걸쳐 가난한 친구들과 멀리 사는 친척들에게 나누어 주었다. 이것이야말로 앞에서 말했던 이른바 '그 재산으로써 은혜를 널리 베푸는 군자'가 아니겠는가!

그는 나이가 들고 힘이 떨어지자 자손들에게 경영을 맡겼다. 자손들은 그의 사업을 계승하여 계속해서 재산을 늘렸고 그들의 가산은 무려 1억 금도 넘게 되었다. 따라서 후세 사람들이 부자를 말할 때마다 모두 도주공을 얘기하게 되었다.

돈을 움켜쥘 때는
마치 맹수가 먹이를 낚아채듯

공자의 뛰어난 제자 자공은 공자에게서 학문을 익힌 뒤 위나라에서 벼슬을 했다. 그는 물건을 모아 두어 조(曹)나라와 노나라 일대에서 비싼 물건을 팔고 싼 물건을 사들이는 방법으로 상업을 하여 공자의 우수한 70제자 중에서 가장 부유하게 되었다.

공자의 제자 원헌은 술지게미조차 배불리 먹지 못하고 가난한 동네에 숨어 살았다. 그러나 자공은 수레와 말이 무리를 이루었고 비단 예물을 가지고 각국을 방문하여 제후들의 연회를 받았다. 제후들은 그를 맞아 군신의 예가 아니라 평등한 예로 대했다. 공자의 이름이 능히 천하에 떨칠 수 있었던 데에는 자공의 도움이 결정적인 역할을 했다. 이야말로 부자가 세력을 얻으면 명성과 지위가 더욱 빛난다는 것이 아니겠는가.

백규는 주나라 사람이다. 위나라 문후 때 사람 이회는 토지 자원 개발에 힘을 쏟고 농업 장려 정책을 추진했지만, 백규는 세상의 변화를 살피는 것을 즐겼다. 그는 다른 사람이 싼 가격에 팔아 치운 물건은 곧 사들이고, 다른 사람이 높은 가격에 사들인 물건은 곧 팔아 치웠다. 곡물이 익어 가는 계절에 그는 양곡을 사들이고 비단과 칠을 팔았으며 누에고치가 생산될 때 비단과 솜을 사들이고 양곡을 내다팔았다. 그는 물건을 모으면서 재산을 해마다 두 배씩 늘렸다.

그는 수입을 늘리고자 하면 곧 등급이 낮은 곡물을 사들였고, 곡물을 모으고자 하면 곧 등급이 높은 종자를 사들였다. 그는 음식을 탐하지 않았고 욕망을 절제하며 지극히 소박한 옷만 입으면서 매년 그를 위해 일하는 노예들과 즐거움을 나누고 고통을 함께했다. 하지만 재산을 모을 시기가 오면 마치 사나운 맹수와 독수리가 먹이에 달려드는 것처럼 민첩했다.

그래서 그는 언젠가 "나는 경영을 할 때는 이윤伊尹(상나라 탕왕 시기의 명재상)이나 강태공이 계책을 실행하는 것처럼 하고 손자와 오기가 작전하는 것처럼 하며 상앙이 법령을 집행하는 것처럼 한다. 그러므로 변화에 시의적절하게 대처하는 지혜가 없거나 과감한 결단을 내릴 용기가 없거나 구매를 포기하는 인덕仁德이 없거나 물건을 계속 쌓아 둘

배짱이 없는 사람은 비록 나의 방법을 배우려 한다고 해도 나는 결코 알려 주지 않겠다."라고 말했다.

돈을 벌고 재산을 늘리는 것을 말하는 천하 사람들은 모두 백규를 본받는다. 백규는 실제로 자기의 경영 방법을 실천했고, 그 실천을 통해 자기 장점을 보여 주었다. 이는 그가 우연하게 성공한 것이 아님을 잘 설명해 준다.

한편 의돈이라는 사람은 제염업으로 집안을 일으켰고, 한단 출신인 곽종은 야철 광산으로 부를 모아 그 재산이 국왕과 어깨를 나란히 했다.

오지과라는 사람은 목축을 했는데, 기르는 가축이 많이 번식하게 되면 모두 판 뒤 화려하고 진기한 방직품을 사들여 몰래 나라 밖의 융왕에게 바쳤다. 그러면 융왕은 원가의 열 배에 해당하는 가축을 그에게 주어 되갚았다. 이렇게 하여 그의 가축은 일일이 셀 수가 없어 골짜기를 계산 단위로 삼았다. 진시황은 명령을 내려 오지과에게 제후와 동등한 대우를 하도록 하여 봄가을 두 번 귀족들과 함께 궁궐에 들어와 직접 황제를 만날 수 있도록 했다.

파巴 지방에 사는 청이라는 과부는 조상이 단사 광산을 발견하여 몇 대에 걸쳐 그 이익을 독점한 결과 재산이 너무 많아 계산할 수 없을 정도였다. 그녀는 일개 과부에 불과했지만 조상이 남긴 가업을 홀로 능히 지킬 수 있었고, 재산으로 자신을 보호하고 다른 사람의 모욕이나 침범을 받지 않았다. 진시황은 그녀를 절조가 있는 여자로 여겨 높이 평가하고 귀빈으로 대우했으며, 그녀를 위하여 여회청대女懷淸臺(여성들로 하여금 과부 청을 본받으라는 뜻을 담은 누각)를 짓도록 했다.

오지과는 변방 시골 사람으로서 목장 주인이었고, 파 과부 청은 궁벽한 시골의 과부였지만 도리어 천자의 예우를 받아 이름을 천하에 크게 떨쳤으니, 이는 실로 이들의 부유함에서 비롯된 것이 아니겠는가.

엎드리면 줍고
하늘을 쳐다보면 받아라

현명한 사람들이 부귀하게 된 내용을 간단하게 기술하는 것은 후세 사람들이 연구하여 선택할 수 있게 하기 위함이다.

촉군 지방 탁씨의 선조는 본래 조趙나라 사람으로 야금업을 해서 부호가 되었다. 진나라 군대는 조나라를 멸망시키고 탁씨를 강제로 이주시켰다. 탁씨는 포로로 잡히고 약탈을 당하여 부부가 손수 수레를 끌며 새 이주지로 옮겨 갔다. 이주한 사람들은 조금이라도 재물의 여유가 있으면 다투어 인솔하는 진나라 관리에게 뇌물을 바치고 최대한 가까운 곳에 살고자 간청하면서 가맹이라는 현에 살고자 했다.

그러나 탁씨는 "이곳 토지는 협소하고 척박하다. 문산 아래에는 드넓고 비옥한 논밭이 있고 땅속에는 토란이 자라나 능히 양식으로 할 수 있어서 무슨 일이 일어난다고 해도 죽을 때까지 절대 굶지 않는다고 들었다. 그곳 주민들은 많은 사람이 거리에서 일을 해서 상업을 하기에 유리하다."라고 말하면서 일부러 먼 곳으로 이주할 것을 요청했다.

결국 탁씨는 임공 지역에 배치되었는데, 마음속으로 매우 기뻐했다. 그리고 곧 철이 생산되는 산에 가서 광물을 채굴하여 풀무질하고 주조했으며, 인력과 재력을 교묘하게 운영하고 모든 힘을 기울여 경영했다. 결국 그 일대 사람들이 모두 그에게 고용되었다. 그리하여 집의 노비가 1000명에 이르렀고, 자신의 집 정원에서 사냥을 즐겨 향락이 충분히 한 국가의 군주에 견줄 정도였다.

본래 산동에서 이주당한 포로였던 정정이라는 인물은 야금업을 했고 멀리 서남이(서남 지역의 소수민족들)와 남월 지역의 이민족과 무역을 했다. 그의 재산은 탁씨에 견줄 만했는데, 탁씨와 정정은 모두 임공이라는 곳에서 살았다.

한편 완 지역의 공씨 선조는 양 지역 사람으로 야금을 생업으로 삼았다. 일찍이 진나라가 위나라를 정벌했을 때 공씨를 남양으로 이주하도록 했다. 그는 대규모로 금속을 주조했고 커다란 연못을 건설했으며, 마차가 서로 이어지고 대규모 대열을 이뤄 제후들과 교류함으로써 엄청난 이익을 얻었다. 그는 마치 멋을 아는 공자公子처럼 제후들에게 아낌없이 예물을 바쳤다. 집안의 재산은 수십 금에 이르렀다.

그는 남에게 준 것이 많았으나 벌어들인 재산은 더욱 많았고, 인색하고 속 좁은 상인들보다 더 많은 재산을 지녔다. 그러므로 남양 사람들이 장사하게 되면 모두 공씨의 온화하고도 우아한 태도와 대범한 인품을 본받고자 했다.

노나라의 풍속은 검소하고 순박하지만 약간은 인색했는데, 조曹 지방의 병씨가 그 대표적인 경우다. 그는 야금업으로 몸을 일으켜 수만금의 부자가 되었다. 그러나 그의 집은 부자형제가 집안의 규칙을 만들어 엎드리면 줍고 하늘을 쳐다보면 받아서 천하의 모든 곳에 고리대금업과 무역을 하지 않는 곳이 없었다. 따라서 추 지방과 노 지방에서 학문을 버리고 재물의 이익을 추구하는 자들이 많았는데 이 모든 것이 병씨 때문이었다.

재물에는
주인이 없다

제나라의 풍속은 노예를 낮고 비천하게 여겼지만, 오직 도간이라는 사람만은 그들을 아끼고 중시했다. 본래 교활하고 총명한 노예는 주인들이 골치 아프게 생각했지만, 도간만이 그들을 받아들이고 또 그들을 파견함으로써 자기를 위하여 고기잡이나 제염을 하도록 했고 혹은 상업에 종사하게 하여 이익을 얻도록 했다. 그러면서 노예들을 관리들과 교류하게 했고, 갈수록 그들에게 큰 권한을 맡겼다. 마침내 그가 이러한 노예들에 힘입어 집을 일으키고 부를 모아 그 재산이 수

십만 금에 이르렀다. "관직을 받느니 차라리 도간의 노복이 되겠다." 라는 속담은 도간이 노복 스스로 부를 쌓게 하면서 동시에 자신을 위하여 모든 힘을 다하도록 만들었다는 뜻이다.

주나라 사람들은 원래 자질구레하고 인색했는데 사사라는 사람은 더욱 심했다. 그는 수송용 수레를 100대 가지고 있었고 천하 각지와 무역하면서 일찍이 가보지 않은 곳이 없었다. 낙양은 여러 나라와 통하는 곳에 자리 잡아 정확히 천하의 중앙에 있었다. 그곳의 가난한 사람들은 부자들을 본떠서 항상 자기가 외지에서 장사를 더 오래했다고 자랑하면서 이들은 고향 마을을 여러 차례 지나쳐도 집에 가지 않았다. 사사는 이러한 사람들을 고용하여 각자 일을 맡겨 재산이 7000만 금에 이를 수 있었다.

한편 선곡 임씨의 선조는 독도 지방에서 양식 창고를 담당하는 관리였다. 진나라가 멸망할 때 진나라에 반기를 들고 일어선 호걸들이 모두 금, 옥, 보물을 탈취했으나 임씨만은 땅굴을 이용하여 곡식을 저장했다. 그 뒤 항우와 유방이 형양에서 오랫동안 맞설 때, 부근 백성들이 농사를 지을 수 없었기 때문에 쌀 한 가마니 가격이 1만 전으로 뛰었고, 호걸들의 금, 옥, 보물이 모두 임씨에게 모였다. 임씨는 이때 큰 재산을 모았다.

다른 부자들은 모두 앞을 다투어 사치했으나 임씨는 오히려 신분을 낮추고 겸손했으며 절약을 숭상하면서 스스로 힘써 농사와 목축을 했다. 논밭과 가축도 다른 사람들은 앞을 다투어 모두 싼 것을 사들였지만 오직 임씨만은 비싸고 우량한 것을 사들였다. 그들 가문은 몇 대에 걸쳐 큰 부호로 살았다. 그런데 임씨 가문은 가훈을 정하여 자신의 밭 농사와 목축에서 생산된 것이 아니면 입지도 먹지도 아니하고 공적인 일을 끝맺지 않으면 절대로 술을 마시거나 고기를 먹지 않도록 했다. 그는 이것을 마을의 본보기로 삼았다. 그는 부유해져 황제로부터도 존중을 받았다.

관중 지방의 부유한 대상인은 대부분 전씨 집안들로 예를 들면 전색과 전란이 있다. 위가 지방의 율씨, 안릉과 두 지방의 두씨 또한 수만금을 가진 큰 부자였다.

위에서 소개한 사례들은 아주 특별하고 분명하게 알려진 것들이다. 그들은 모두 벼슬이나 봉록이 없었으며, 불법적 수단으로 부를 모으지도 않았다. 모두 물자 유통의 원리를 예측할 줄 알았으며 정확하게 형세를 판단하여 투자 방향을 결정하고 시기의 수요에 맞춰 이익을 얻었다. 그들은 말업末業(상업을 가리킨다.)인 상공업 경영을 통하여 재산을 모았으며 동시에 토지에 투자함으로써 재산을 지켰다. 또 과감하고 강압적인 각종 수단을 활용하여 재물을 모은 후 왕후들과 통하여 법령으로써 보호하면서 다양한 상황에 능히 대처할 수 있었으므로 기술할 가치가 있다.

절약과 검소 그리고 노동은 재산을 늘리는 정확한 길이다. 또한 부자들은 기묘한 책략으로 승리를 거두었다.

원래 농사는 가장 우둔한 업종이나 진양이라는 인물은 농사로 그 지역에서 가장 큰 부를 모았다. 도굴은 본래 법을 어기는 일이지만 전숙이라는 사람은 그것으로 부를 일으켰다. 도박은 비열한 업종이지만 환발은 도리어 이를 통하여 부를 이루었다. 행상을 하며 물건을 파는 것은 대장부가 하기에는 천직이지만 옹 지방의 악성이라는 사람은 오히려 그것에 의지하여 부유해졌다. 또한 동물의 기름을 판매하는 것은 치욕을 느끼게 하는 일이지만 옹백은 이 일로 천금의 이익을 얻었다. 장鬷을 파는 것은 아주 작은 장사에 지나지 않지만 장씨는 이를 통해 재산이 천만 금이 되었다. 칼을 가는 일은 보잘것없는 평범한 기술이지만 질씨는 대귀족처럼 진수성찬을 먹을 정도의 생활을 누렸다. 이들은 모두 하나의 일에 전심전력하여 비로소 부를 모을 수 있었다.

따라서 부를 모으는 것은 어느 고정된 한 업종에 종사해야만 비로소 실현해 낼 수 있는 것이 아니며, 재부란 본래 고정불변의 주인이 있는 것도 아니다. 수완이 있는 자는 능히 재부를 자신의 것으로 만들 수 있는 반면, 무능한 자는 가지고 있던 재산도 곧바로 다 잃는다. 천금을 가진 집안은 곧 그 도시의 제후와 비길 수 있으며 만금을 지닌 부자는 곧 그 왕과 같은 정도로 누릴 수 있다.

이들이야말로 이른바 소봉素封(벼슬이 없는 평민 출신이지만 부유하여 그 지위가 마치 제후도 같은 사람을 비유한 말)이 아닐까?

14

《사기》를
세상에
남기고자

사마천은 잘 알려진 대로 궁형宮刑을 당했다. 죽음보다 더 치욕적인 궁형이라는 형벌을 받으면서도 그가 죽지 않았던 이유는 다름 아닌 《사기》를 완성하기 위해서였다.

여기서 궁형을 당해 환관으로 일하면서 《사기》의 저술에 모든 힘을 쏟았던 사마천의 절절한 마음을 생생히 전하고자 한다.(이 글은 원래 '임안任安에게 보내는 편지報任安書'라는 제목으로 《한서漢書》, '사마천전司馬遷傳'에 수록되어 있다.)

임안이라는 인물은 기원전 91년의 반란 사건에 관련되어 사형 판결을 받고 집행을 기다리던 한나라 무제 때의 장군이다. 사마천과 임안은 상당한 친분이 있어 사형을 앞둔 임안에게 사마천은 깊은 위로를 보내는 동시에 자기 가슴속에 응어리진 한을 뛰어난 필치로 생생하고도 절절하게 전달했다.

이 편지에서 사마천은 일시적인 치욕을 이기지 못하고 스스로 죽는 것은 누구든지 할 수 있다고 기술했다. 그러나 그렇게 죽으면 사람들은 죄를 짓고 그 업보로 죽었을 뿐이라고 생각할 것이며, 아홉 마리 소에서 터럭 하나 없어지듯 정말 아무런 의미도 없는 덧없는 죽음으로 여길 뿐이라고 말했다. 사마천이 죽음보다도 더 치욕스러운 형벌을 이겨 내고 끝내 살아남은 것은 바로 역사에 길이 남을 역사서를 저술하라는 아버지의 유언 때문이었다. 그 사명감으로 자신의 모든 삶을 《사기》를 저술하는 데에 바쳤다.

더구나 사마천은 자신에게 억울한 누명을 씌워 치욕적인 형벌을 가했던 한나라

무제의 곁에서 평생 벼슬을 해야 하는 운명이었다. 그러므로 사마천의 저술 작업은 모든 것이 비밀리에 이뤄져야 했다. 낮에 궁중에 출근하여 그토록 싫어하는 황제를 위하여 시중을 들고 난 뒤, 밤에 궁에서 물러나와 아무도 모르게 호롱불을 밝히고 한 글자 한 글자 기록해 나가야 했다. 너무도 고독한 작업이었고, 위험하기 짝이 없는 일이었다. 하지만 그만큼 더욱 깨어 있는 눈으로 역사를 기술할 수 있었기 때문에 역사에 길이 남을 대작, 명작이 탄생할 수 있었던 것이다.

위대한 명작이 대개 그렇듯, 그가 세상을 떠나고 무수한 세월이 지난 뒤 사마천이라는 이름이 세상에 커다랗게 빛나게 되었다.

세상사처럼
뜻대로 안 되는 것도 없다

소나 말과 같은 하인인 저, 태사공 사마천이 다시 인사드리며 말씀드립니다.

지난번에 보내 주신 글에서 남과 교류하고 일을 할 때는 신중해야 하고 현명한 인재를 추천하는 일을 자신의 임무로 삼으라는 가르침을 주셨습니다. 비록 제가 보잘것없는 존재이기는 하지만 군자들의 가르침만은 거듭 귀에 담고 있습니다.

하지만 저는 얘기할 상대도 없고 항상 혼자서 우울하게 지내지 않으면 안 되는 처지입니다. 종자기가 죽은 다음에는 백아가 두 번 다시 칠현금을 뜯은 일이 없다고 했습니다.* 또한

백아는 춘추시대 칠현금의 명수이며, 종자기는 그의 친구로 백아의 음악을 잘 이해했다고 한다. 서로 뜻이 맞는 친구를 뜻하는 '지음知音'이라는 말이 여기에서 유래했다.

선비는 자기를 알아주는 자를 위해 죽고, 여자는 자기를 사랑해 주는 사람을 위해 화장한다고 했습니다. 저와 같은 자는 설사 드높은 재주를 가지고 허유許由(요임금이 천하를 양도해 주겠다는 것을 거절하고 산에 들어가 숨은 고결한 선비)나 백이와 같은 덕행을 쌓았다고 하더라도 영예를 얻기는커녕 오히려 세상의 비웃음거리만 될 뿐일 것입니다.

제가 답장을 곧 드려야 했으나 동방 순행巡行에 따라가고 또 여러 가지 자잘한 일에 매달려 찾아뵐 겨를도 없이 조그마한 틈조차 내지 못한 채 마음을 모두 솔직하게 털어놓을 수가 없었습니다. 지금 당신께서 뜻밖의 불운을 당하고 한 달이 지나면 겨울의 끝이 다가옵니다.(당시에는 겨울철에 사형을 집행했기 때문에 '사형 집행' 시기가 얼마 남지 않았다는 뜻이다.) 저도 또 황제를 수행하여 옹 지방으로 떠나야 하므로 혹시 피치 못할 일(임안의 사형을 가리킨다.)이 갑자기 발생하게 되면, 결국 저의 쌓인 울분을 당신께 전하지도 못하고 당신의 혼백 역시 천추의 한이 될 것입니다. 부디 저의 어리석은 의견을 말씀드릴 수 있도록 허락하시고 오랫동안 소식 드리지 못했던 일을 용서해 주시기 바라옵니다.

저는 수신修身이란 지혜의 표현이고 사람을 사랑하고 돕는 것은 인仁의 시작이며, 무엇을 얻고 무엇을 지불하는가는 의義의 표현이고 치욕을 느끼는 마음은 용기의 선결 조건이며, 명예를 세우는 것은 행위의 최종 목표라고 들었습니다.

선비란 이 다섯 가지 덕을 갖춘 후에야 비로소 세상에 몸을 세워 군자의 반열에 오를 수 있습니다. 그러한 까닭에 선비에게 가장 불행한 경우란 탐욕과 사사로운 이익에 사로잡히는 것이며, 가장 큰 고통이란 마음에 상처를 입는 것이고, 가장 추한 행위란 조상을 모욕하는 것이며, 가장 큰 치욕은 궁형을 받는 것이라 하겠습니다.

궁형을 받고 살아남은 자는 도저히 다른 사람과 비교될 수 없으며 이는 비단 지금의 시대에 그치지 않고 그 유래가 이미 오래되었습니다. 위나라 영공이 환관 옹거를 자기 수레에 태웠기 때문에 공자는 그 나라를 떠나갔습니다. 상앙이 환관인 경감을 통해 등용되었기 때문에 조량은 그의 장래를 한심스럽게 여겼습니다. 환관 조동이 황제의 수레에 함께 탔기 때문에 원앙이 크게 노했던 것입니다. 자고이래로 환관은 치욕의 상징이었습니다. 환관과 관계되는 일이 생기면 예나 지금이나 할 것 없이 평민조차도 얼굴을 찌푸리게 되어 있습니다. 그러니 지조 있는 사람들은 어떠하겠습니까? 지금 조정에 아무리 인재가 없다고 해도 저처럼 궁형을 받은 자가 어찌 천하의 호걸을 추천할 수 있겠습니까?

저는 선조께서 남긴 사업을 물려받아 황제 주위에서 20여 년 동안 관리로 일할 수 있었습니다. 그러나 기발한 계략과 특수한 재능에 따라 칭찬을 받고 명예를 얻은 적도 없고 황제의 신임을 얻지도 못했으며 현명한 사람을 천거하지도 못했습니다. 또한 고관대작을 받아 가족과 친구들에게 영광으로 여기게 한 적도 없습니다. 지금 이미 몸에 결함을 가지고 비천한 지위에 있는 제가 우스꽝스럽게도 휘젓고 다니면서 시비를 가리고 나선다면 그야말로 조정의 권위를 실추시키는 일이며 유능한 선비들을 모욕하는 일이 아니겠습니까! 아! 저와 같은 자가 이제 와서 새삼스럽게 무엇을 할 수 있다는 말입니까!

도대체 세상사처럼 뜻대로 안 되는 것도 없습니다. 저는 어려서부터 특별하게 내세울 재주도 없었고 성인이 되어서도 고향 사람들의 칭찬 한마디 들어 보지 못한 채 오직 아버님 덕분에 황제의 부르심을 받아 궁중에 드나들 수 있게 되었습니다.

물동이를 머리에 얹게 되면 하늘을 바라볼 수 없습니다. 따라서 친구들과의 교류도 끊어지고 가정의 일도 잊은 채 밤낮으로 높지도 않은 제 능력을 다하여 업무를 수행하고 황제의 마음에 들려고 노력했습니다. 하지만 사정은 예상할 수 없는 방향으로 잘못 흘러갔습니다.

이릉 장군은 제가 오래전부터 아는 사람입니다. 그러나 서로 처지나 성격에 차이가 있었기 때문에 술잔을 기울이며 우정을 나눌 만한 절친한 사이는 아니었습니다. 하지만 저는 그를 신념이 있는 인물로 생각했습니다. 그는 어버이에게는 효도가 깊고 친구에게는 신의를 다했으며, 금전 관계에는 청렴했고 몸과 마음을 바쳐 나라에 충성하려는 굳은 의지를 지닌 인재였습니다. 저는 그가 나라의 선비, 즉 국사國士의 풍모를 갖춘 인물이라고 생각했습니다. 무릇 신하된 자로서 만 번 죽는다 해도 자신의 생명을 돌보지 않고 먼저 나라의 위급함을 구하려는 것은 예나 지금이나 높이 평가되어야 마땅할 것입니다.

그런데 이제 그가 했던 일 중 하나가 약간 좋지 못한 결과로 나타나자 오로지 자신의 몸을 사리고 처자식 보호하는 데에만 급급했던 대신들이 서로 앞을 다투어 그의 잘못을 비난하고 과장했기 때문에 저는 참으로 깊은 슬픔을 느끼지 않을 수가 없었습니다.

실로 이릉 장군은 비록 패전하기는 했지만 일찍이 볼 수 없었던 빛나는 업적을 남겼다고 할 것입니다. 그는 자기 휘하에 있던 5000명도 채 안 되는 보병을 이끌고 강력한 흉노족의 본거지 깊숙이 쳐들어가 목숨을 걸고 수만의 적군과 대결했습니다. 10여 일에 걸쳐 싸워 사망에 이르게 한 적군의 수가 자기 군대의 병력 수를 넘어섰습니다. 그리하여 적군들은 사상한 병사들을 돌볼 겨를도 없을 정도였으며, 흉노의 군왕조차도 크게 놀라 자신이 보유한 모든 병사와 말을 출동시켰고 궁의 사수들도 총동원하여 전국의 군대가 모두 공동으로 이릉을 포위 공격했습니다.

이릉의 군대는 이와 같은 악조건에서 천 리를 옮겨 다니며 싸우다가 드디어 화살이 바닥났으며 길은 끊기고 구원군이 도착하지 않은 상황에서 사상자가 산더미처럼 쌓이게 된 것입니다. 그렇지만 이릉은 군사들을 독려하여 모두 용감히 일어서서 피를 뒤집어쓰고 눈물을 삼키며 다시 빈 활을 잡고 칼날에 맞서 적들과 치열하게 육박전을 전개했습니다. 그렇기 때문에 이릉이 아직 패배하지 않았을 때 전령이 그가 분투한다는 소식을 알리자 모든 조정 백관이 축배를 들고 만세를 외쳤던 것입니다. 그런데 며칠 후 패전 소식이 들어오자 폐하는 입맛을 잃고 대신들은 당황해 어쩔 줄 몰라했습니다.

저는 폐하의 괴로운 심정을 이해하고 천한 저의 지위도 잊은 채 폐하께 위로해 드리는 뜻에서 아뢰었습니다.

"이릉은 항상 부하들과 고락을 같이하여 떼려고 해도 뗄 수 없는 신뢰 관계를 맺었습니다. 옛 명장이라도 그를 따를 만한 사람은 거의 찾아보기 어려울 것입니다. 불행히도 그가 포로가 된 것은 다음 기회에 한나라에 다시금 봉사하겠다는 충정이었을 것입니다. 비록 일시적인 것이라 해도 흉노의 대군을 격파한 공적은 마땅히 천하에 알려 상을 내릴 만한 일이라 하겠습니다."

그러나 폐하께서는 이러한 제 충정은 납득하지 못하시고 오히려 제가 이릉 장군을 두둔하여 이사장군貳師將軍 이광리 장군을 깎아내리는 것이라 오해하시고 저를 감옥에 가두었던 것입니다.(이사장군 이광리는 무제의 총비 이부인의 오빠로서, 무제는 이광리를 파견하여 흉노 정벌을 명했는데 당시 이릉은 그 부장이었다. 이릉이 포위되었을 때 이광리는 이를 구원하지 않았는데, 무제는 사마천의 이릉 변호를 이광리에 대한 비난으로 받아들인 것이다.)

저는 집안이 가난했기 때문에 벌금형으로 대신할 만한 재산도 없었고 친척이나 친구에게서 한마디 도움조차 받지 못했으며 황제의 측근 중 누구도 황제에게 말 한마디 거드는 자가 없었습니다.

결국 이릉은 목숨을 건져 적에게 항복함으로써 가문을 더럽혔고, 저는 잠실蠶室(궁형에 처한 사람을 상처가 회복될 때까지 수용시켰던 밀실)에 내던져진 채 세상의 웃음거리가 되었을 뿐입니다. 참으로 슬프고도 또 슬픈 일입니다. 이 일은 보통 사람들에게 하나하나 자세히 말해 주기도 어렵습니다.

어떤 죽음은 태산보다 크지만
어떤 죽음은 기러기 털보다 가볍다

저는 제후의 영예나 특별한 포상을 받은 일이 없는 가문에서 태어났습니다. 태사太史라는 직업은 사실 무당이나 점쟁이에 가깝고 이른바 폐하의 희롱을 받는 악공樂工이나 배우 등과 같은 부류에 속할 뿐이며 세상 사람들이 모두 경멸하는 대상입니다.

이러한 제가 법에 따라 사형을 받는다고 해도 그것은 한낱 아홉 마리 소 중에서 터럭 하나 없어지는 것과 마찬가지일 뿐이니* 저와 같은 존재는 땅강아지나 개미 같은 미물과 무엇이 다르겠습니까?

★ 이를 구우일모九牛一毛라 한다.

세상 사람들은 제가 지금 죽는다 할지라도 절개를 위해 죽는다고 생각하기는커녕 오직 나쁜 말을 하다가 큰 죄를 지어서 어리석게 죽었다고 여길 것입니다. 왜냐하면 제가 평소에 충성을 바치고 뛰어난 계책을 바쳐 나라에 보탬이 된 적도 없었고 또한 어질고 현명한 선비들을 추천하거나 등용시켜 보지도 못했으며 그렇다고 전쟁에 나가 성을 뺏거나 적장의 목을 벤 공도 없기 때문인 것입니다. 더구나 정치에 부족한 것을 보충하고 공을 세워 일가친척이나 친구들에게 은혜를 베푼 적도 없었습니다. 그러니 저는 죽으려 해도 죽을 수도 없던 처지였습니다.

사람이란 누구나 죽을 수밖에 없습니다. 그런데 어떤 사람의 죽음은 태산보다 큰 반면 어떤 사람의 죽음은 기러기 털보다 가볍습니다. 옛날 책에 "형벌은 사대부에까지 이르지 않는다."라는 말이 있습니다. 이는 사대부의 체면을 살리기 위한 말이 아닐 수 없습니다. 깊은 산에서는 백수의 왕인 호랑이도 우리 안에 갇히게 되면 꼬리를 흔들며 먹이를 구걸하게 됩니다. 오랫동안 위협당하고 고통받은 결과가 그러한 변화를 가져다주는 것입니다.

손발이 묶이고 벌거벗겨져 채찍을 맞고 감옥에 처박히면 옥리만 보더라도 머리를 땅에 박고 간수나 잡역부만 봐도 겁에 질리게 되어 있습니다. 그런 때 오히려 자기가 여전히 자존심을 세울 수 있다고 자부할 수 있는 사람은 실상을 모르는 것입니다. 무릇 영웅호걸들도 사직 당국에 잡혀 감옥에 갇히게 되면 자결하지도 못하고 치욕 속에서 살아야 했던 것입니다.

모든 명예를 버린 점에서는 저와 다름이 없었을 것입니다. 그렇기 때문에 용기가 있다는 것과 비겁하다는 것의 차이는 권력의 높고 낮음에서 비롯되며, 강인함과 유약함의 차이는 놓여 있는 상황에 따라 결정되는 것입니다. 이것은 매우 분명한 사실로서 전혀 기이한 것도 아닙니다. 옛날부터 사대부에게 형벌을 내리지 않았던 것은 실로 그 때문이었다고 생각합니다.

치욕적인 궁형을 받았으면서도 《사기》 저술에 평생을 바친 사마천
—

죽음을 두려워하고 부모처자를 걱정하는 것은 인지상정입니다. 저는 불행히도 조실부모하고 형제조차 없이 외롭게 살아왔습니다. 그런 제가 새삼스럽게 부모와 처자 때문에 살고자 했다고는 당신께서도 생각하시지 않을 줄로 압니다. 저도 생명을 아까워하는 비겁한 자에 지나지 않지만 거취만은 분명하게 하려는 사람입니다. 어찌 치욕을 모르고 죄인 노릇만 하고 있겠습니까? 천한 노예와 하녀조차도 자결할 수 있습니다. 저 또한 그렇게 하려 했으면 언제든 할 수 있었습니다. 그러나 그 고통과 굴욕을 참아 내며 구차하게 삶을 이어 가는 까닭은 가슴 속에 품은 깊은 염원이 있어 비루하게 세상에서 사라질 경우 후세에 문장文章을 전하지 못함을 안타깝게 여기기 때문입니다.

치욕을 견디며 살아가는 이유

예부터 부귀하게 살았지만 그 이름이 흔적조차 없어진 사람은 무수히 많습니다. 오직 비범하고 탁월한 인물만이 후세에 그 명성을 드날리는 것입니다. 주나라 문왕은 갇힌 몸이 되어 《주역周易》의 64궤를 발전시켰고 공자는 곤경에서 벗어난 뒤 《춘추春秋》를 지었습니다. 굴원은 추방된 후에 《이소離騷》를 지었고, 좌구명은 시력을 잃어 앞을 볼 수 없게 된 뒤 《국어國語》를 저술했습니다. 또 손빈은 다리를 잘린 뒤 병법을 편찬했고, 여불위는 촉나라에 유배되어 비로소《여씨춘추呂氏春秋》를 세상에 남겼으며, 한비자는 진나라에 붙잡혀 있을 때《세난說難》과 《고분孤憤》의 글을 썼습니다.

이들은 모두 가슴에 맺힌 한을 토로할 수 없게 되자 옛날의 역사적 사실을 기술함으로써 후대 사람들이 볼 수 있게 하고 동시에 자신의 마음을 알아주기를 바랐던 것입니다. 예를 들어, 좌구명이나 손빈은 시력을 잃거나 다리를 잘려서 이미 세상에서 쓸모없는 사람처럼 되었지만 한 자루 붓에 모든 힘을 기울여 자신들의 맺힌 한을 문장으로 남긴 것이라 하겠습니다.

저도 제 분수를 모르고 서투른 문장에 스스로를 맡기고자 하여 천하에 흩어진 역사 기록과 흔적을 수집하고 역대 인물들의 기록을 고증하며 그들이 흥망성쇠한 이치를 연구하여 위로는 황제黃帝의 상고 시대부터 아래로는 오늘에 이르기까지의 역사를 〈표表〉 10편, 〈본기本紀〉 12편, 〈서書〉 8편, 〈세가世家〉 30편, 〈열전列傳〉 70편 등 총 130편으로 기술했던 것입니다.

저는 이로써 천도天道(하늘의 뜻)와 인사人事(인간의 일)의 관계를 연구하고 옛날과 지금의 역사 발전 과정을 꿰뚫어 마침내 저만의 주관을 이루고 독자적 체계를 이루는 저작을 완성하고자 했습니다.

그런데 이 사업을 시작한 지 얼마 되지 않아 뜻밖의 재앙을 만나게 되었습니다. 그리하여 극형을 받았으면서도 분노를 드러내지 않고 태연스럽게 살아남으려 했던 것은 오직 이 저술이 완성되지 못하는 것을 안타깝게 생각했기 때문입니다.

저는 이 저술을 완성해 이름난 명산에 보관하고 뜻을 같이할 수 있는 사람들에게 전하여 천하에 널리 알려지게 하고 싶습니다. 그렇게 되면 제 치욕의 빚도 씻게 될 것이라 생각합니다. 설사 이 몸이 더욱 큰 모욕을 다시 받는다고 해도 어찌 후회할 수 있겠습니까? 이와 같은 말씀은 오직 지혜로운 자에게만 할 수 있지 결코 보통 사람들에게는 말할 수가 없습니다.

죄인의 몸에 덧없는 세상 바람은 차갑기만 하고 또 더욱 많은 비방만을 불러들일 뿐입니다. 저는 말 한마디 잘못하는 바람에 이러한 화를 당해 고향에서 비웃음거리가 되었고 돌아가신 아버님을 욕되게 했으니 이제 무슨 면목이 있어 다시 부모님 산소 앞에 설 수 있겠습니까?

비록 다시 백 세대가 흘러도 제 치욕은 더욱 쌓일 뿐입니다. 그래서 하루에도 아홉 번 장膓이 뒤집히며 집 안에 있으면 정신이 몽롱해지고 집을 나서면 어디로 가야 할지 알 수 없습니다. 이 치욕을 생각할 때마다 식은땀이 등줄기를 흘러 옷을 적시지 않은 적이 없습니다.

저는 지금 후궁에서 봉사하는 환관의 처지로 산속에 몸을 숨길 수도 없으며 어쩔 수 없이 세속을 따라 떠돌고 시세에 그저 따라가면서 마음속의 아픔을 이야기하고 싶습니다.

저에게 현명한 인재를 추천하라고 가르쳐 주신 점, 어찌 제 마음과 다르겠습니까? 그러나 설사 제가 아무리 아름다운 말로 스스로를 꾸미고 기묘한 말로써 스스로에게 용서를 구해 본들 사람들에게 아무런 보탬이 되지 않고 신뢰도 얻지 못한 채 오직 스스로 수치를 구할 뿐입니다. 결국 죽는 그날에야 시시비비가 비로소 가려지겠지요.

편지로는 그 뜻을 완전하게 펼칠 수가 없고, 단지 누추한 제 생각만을 여기에 간단히 썼습니다.

삼가 재배^{再拜} 올립니다.